바이오 산업혁명

바이오산업혁명

펴낸 곳 | 나녹那碌
펴낸이 | 형난옥
지은이 | 유영제
기획 | 형난옥
편집 | 김보미
디자인 | 김용아
표지디자인 | 유신영
초판 1쇄 발행 | 2019년 2월 28일
개정증보판 2쇄 발행 | 2023년 3월 20일
등록일 | 제 300-2009-69호 2009. 06. 12
주소 | 서울시 종로구 평창 21길 60번지
전화 | 02- 395- 1598 팩스 | 02- 391- 1598

ISBN 978-89-94940-08-3 (93320)
지은이 이메일 yjyoo@snu.ac.kr

"질병, 지구환경, 먹거리를 해결하고 경제를 바꾼다"

바이오 산업 혁명

바이오 경제로 가는 길

유영제 지음

나녹
那碌

개정증보판 머리말

초판을 쓰기 시작한 지 5년, 초판이 발행된 지 2년이 되었지만, 최근 빠르게 변화하는 사회를 보니 변화의 내용을 책에 담고 싶었다. 코로나19가 만드는 사회, 기후변화 문제의 시급성, 인공지능 사회, 고령화 사회, 빠른 속도의 기술 발전 등이 바이오 경제를 견인하고 있다. 이러한 사회의 변화가 현실적으로 경제에 영향을 주고 새로운 세계로 이끈다는 점을 강조하고 싶었다. 최근의 변화 내용을 추가하는 것이 중요하다고 생각했다.

초판에서는 기술의 변화 발전이 20년마다 한 단계씩 발전한다는 20년 법칙을 주장하고, 이를 바탕으로 바이오 기술의 변화가 만들어 내는 바이오경제 사회에 대하여 살펴보았다. 어떤 이슈에 대한 연구가 기술개발로, 다시 실용화되어 산업으로 연결되고 경제에 영향을 미치는지 그 과정을 풀어간 이야기다.

개정증보판 1부에서는 세상의 변화가 바이오 경제를 견인한다는 내용으로, 2부에서는 바이오 경제가 사회를 어떻게 변화시키는지, 3부에서는 연구에서 산업으로의 발전 과정을 설명하고, 4부에서는 바이오경제를 향한 혁신의 방법을 제시했다. 세부적인 정보는 참고 자료와 인터넷에서 쉽게 찾아볼 수 있으니 바이오산업을 보는 종합적이고 균형된 시각을 제공하자는 취지에서 중요한 이슈만 간단히 다루었다.

본 개정판을 위하여 애써주신 출판사 대표와 관계자께 감사드린다.

2021. 6
유 영 제

초판 머리말

1982년 세계는 286컴퓨터에 열광했다. 당시에는 박사과정에 있던 저자가 간단한 계산을 하려고 해도 학교의 컴퓨터센터에 가서 노란색 카드에 펀칭을 해서 맡기고 몇 시간 뒤에나 결과를 볼 수 있었다. 나만의 컴퓨터PC, personal computer를 갖는다는 것은 꿈같은 이야기였다. 이후 컴퓨터는 386, 486, 586 컴퓨터로 발전하더니 2000년이 되자 급격한 변화 없이 정착되었다. 그러더니 알파고로 대표되는 인공지능을 이야기하기 시작했다.

1990년 어느 날 학교에서 친구를 만나기로 했는데, 약속 시간보다 조금 앞서 전화를 받았다. 차로 오는 중인데 길이 막혀 좀 늦겠다는 것이다. 그 전화는 자동차로 이동 중에 건 것이라 비싼 휴대전화를 갖고 있으니 부자구나 하는 생각을 했다. 그로부터 20년이 지나 2010년이 되니 너도나도 스마트폰을 갖게 되었다. 가난한 아시아, 아프리카 나라에서도 스마트폰은 상당히 많이 쓴다. 이제는 사람과 사람뿐 아니라 사물과 사물을 연결시키고 있다.

세상은 20년마다 변화 발전하는 듯하다. 과학 기술의 발전 속도는 엄청나게 빨라 이제는 20년이 지나면 큰 변화가 눈에 보인다. 컴퓨터와 스마트폰 등이 만들어 내는 세상을 소위 3차 산업혁명, 정보화 혁명이라고 부른다.

지금 세계는 4차산업혁명 시대 또는 인공지능 혁명 시대라고 한다. 인공지능, 사물인터넷, 빅데이터로 지칭되는 최신 기술들이 제조업을 변화시키며 새로운 산업을 탄생시킨다. 어쩌면 3차 산업혁명인 정보화

혁명의 연장선 같지만 차별화하려고 그렇게 부른 것 같다. 그 중에서 의료산업과 유전체산업의 일부는 인공지능, 빅데이터 등과 연계되므로 4차산업혁명의 한 부분이라고 할 수 있다. 하지만 인공지능과 빅데이터가 관련되는 바이오산업은 전체 바이오산업의 일부이므로, 바이오산업을 별도로 생각하는 것이 바람직하다. 그래서인지 얼마 전부터 일본에서는 바이오산업을 인공지능 혁명 이후의 5차 산업혁명이라고 부르기 시작했다. 중요한 것은 명칭이 아니고 지금 이 순간에도 바이오기술은 끊임없이 연구 개발되고 이것이 산업과 경제로 연결되고 있다는 사실이다. 이러한 노력과 움직임은 미국, 중국, 유럽, 일본 등 세계 모든 나라에서 일어나고 있고, 세계 주요 나라들은 바이오산업을 키우려고 다양한 정책을 펴고 있다.

저자는 40여 년 전 기업체에 근무할 때, 항생제 생산을 포함하는 제약사업 등을 검토하면서 바이오산업을 공부하기 시작했다. 1970년대 중반 일본 신문에는 생명공학분야가 대세며 따라서 유수 일본 기업이 이 분야에 진출한다는 기사가 많았다. 그 때는 잘 이해하지 못했는데 1973년에 소개된 유전자재조합기술의 잠재력을 예상하고 바이오 분야의 사업에 진출한 것이다. 그 이후 미국에서 박사과정을 밟으며, 그리고 대학에서 30여 년 간 바이오분야 전공 교수로 지내는 동안 세상이 변화되는 것을 봐왔다.

그동안 바이오산업은 전 세계적으로 주로 바이오제약 산업이 주도해왔다. 동시에 농업분야에서 종자산업이 크게 발전했다. 최근 바이오화학 분야에서 변화가 가시화되었고 의료 분야가 새로운 도약을 시작했다. 그러한 변화가 이제는 사회전반으로 확산되며 새로운 먹거리와 일자리를 제공할 것이다. 변화는 더욱 가속될 것이다. 그래서 트렌드를 정리하고 이를 토대로 미래를 예측하고 준비하는 것이 의미있게 생각되었다. 바이오에 대한 연구동향과 기술을 이해하기 쉽게 설명해서 누구나 바이오경제, 바이오사회 시대를 준비할 수 있도록 하는 것도 의미 있는 일이며, 바이오기술과 관련된 주요 이슈에 대해서도 성찰해보는 것이 필요하다고 생각되었다.

미래를 잘 예측하는 것은 중요하다. 시대의 흐름을 읽어 적절히 대처하면 기회가 되고, 읽지 못하여 적절히 대처하지 못하면 문제가 된다. 저자가 보기에 최근 기술의 진보에 따라 세상은 대략 20년마다 변화 발전한다. 새로운 이론이 소개되고, 시제품이 나오는 데, 시제품에서 실용화 단계가 되는 데, 다시 산업으로 발전하는 데 대략 20년씩 소요되는 것 같다. 분야마다 차이는 있겠으나 거시적 관점에서 이러한 추세는 당분간 계속될 것이다. 기술이 급속히 변화 발전하므로 어쩌면 그 기간은 더 당겨질 수 있다.

유전체 혁명, 인공지능과 의료, 뇌과학, 지구 환경 등에 관한 세부적인 내용은 전문 서적과 인터넷에 많이 소개되어 있다. 어찌 보면 본서가 그러한 자료들의 요약본이라고 생각할 수도 있으나, 바이오기술의 발전을 토대로 한 바이오경제와 사회에 대한 종합적이고 균형된 시각을 제공한다는 면에서 의미가 있을 것이다. 또 바이오분야를 정보화/인공지능 산업과 차별화시켜 바이오기술에 근거한, 사회와 경제 관점에서 새로운 이슈을 제기하려는 점도 강조하려 한다.

우리나라는 1980년대부터 유전공학 바람이 불었다. 그러나 얼마 전까지도 바이오산업은 컴퓨터나 스마트폰과 같은 급격한 변화가 없었기에 많은 이들이 실망했다. 바이오산업의 특성은 정보화 산업의 특성과 다른데 같은 잣대로 비교해서다. 2015년이 되니 우리나라가 지난 30년간 바이오제약 분야에서 공들인 성과가 나타나기 시작했고, 지구온난화는 돌이킬 수 없을 정도로 심각해져서 바이오화학은 이제 대세가 되었다. 우리는 루비콘 강을 건너고 있다. 세상은 갈수록 빠르게 변화될 것이다. 어떻게 변화될 것인가?

인구의 폭발, 여전한 인간의 질병 그리고 지구온난화에 의한 환경재앙은 인류가 직면한 위험 요소다. 2300년에는 지구에 1000억 명의 인간이 살고 온실효과로 동식물의 75%가 사라진다는 경고도 있다. 식량문제, 환경문제 그리고 질병의 이슈를 어떻게 해결할 수 있을까? 이러한 위기는 과학기술자의 도전 과제고 경제 발전의 동인이다. 따라서 이러한 도전에 맞서 바이오기술의 발전이 가속화되고 기술이 융합되는 시대가 온다. 바이오사회에는 정보화와 인공지능의 영향이 사회 전반에 미쳐서, 바이오기술의 발전이 가속화되고 그 영향이 사회에 더 빨리 그리고 깊숙이 전해질 것이고 그것은 바이오경제와 바이오사회로 이어진다. 인간의 의료 방식에 큰 변화가 온다. 맞춤형 아기가 탄생하고 뇌-컴퓨터의 연결은 사이보그 인간의 탄생을 촉진한다. 바이오기술은 이산화탄소에 의한 지구온난화를 멈추고 지속가능한 산업을 발전시킨다. 안전한 인공종자 덕분에 식량문제를 해결하고 도시첨단 농장으로 농업에 대한 인식을 바꾼다. 이것이 바이오혁명이다. 바이오혁명은 지금도 진행중이고 지금의 상상과 꿈은 향후 30~50년 안에 현실이 된다. 또 바이오기술의 특징은 융합이다. 생명공학과 IT의 만남이 대표적이다. 바이오기술과 전자공학, 정보통신기술, 기계공학기술, 화학기술 등과의 만남을 통해 바이오기술은 발전하고 다양한 분야에 응용될 것이다.

인간을 생각하는 바이오사회가 온다. 바이오기술의 발전과 확산은 가난한 국가는 물론 모든 국가에게 기회를 제공한다. 그러나 인간의 존엄성과 윤리는 여전히 관심가져야 할 이슈다. 바이오분야는 다른 분야에 비해서 윤리적인 부분, 인간의 존엄성에 대한 이슈가 많다. 유전체, 인공장기 등이 그렇다. 인류를 위협하는 지구온난화를 해결하기 위한 지구적 협력도 궁극적으로는 인류애에 대한 윤리 이슈다. 이런 분야에서는 잘못하면 경제적, 이기적 이유로 우리 사회와 인류 문명 전체를 위기로 몰고갈 수 있다. 이러한 이슈를 지혜롭게 해결하고 발전시키려면 인간 존중 정신이 밑바닥에 깔려있어야 한다.

인문학은 인간을 이해하고 존중하는 학문이다. 인문학은 비판적 사고를 가르친다. 무엇이 중요하고 무엇이 문제인지 생각하게 한다. 생물체와 생명을 다루는 바이오기술과 바이오산업의 경우 이러한 인문학적 소양이 특히 중요하다. 인류는 어디로 갈지 모른다. 따라서 이러한 도전에 윤리적인 인간애와 과학기술의 합의된 비전 제시가 필요하고 그렇게 변화될 것이다. 궁극적 목표는 인류의 번영과 발전이기 때문이다.

바이오경제 시대가 열린다. 정보통신과 인공지능의 발달은 정치, 경제, 사회의 소통방식에 변화를 주고, 자동화한다. 우리를 편리하게 해주지만 일자리가 감소된다. 이에 비해 바이오산업은 인간의 건강과 식량문제를 해결하고 지구 환경을 지킨다. 그러나 생명 윤리 문제를 제기하므로 생명을 경외하는 마음이 부족하면 인류 사회를 위험으로 몰고 갈 수도 있다. 바이오기술은 새로운 산업을 창출한다. 유전체 산업, 인공장기 산업, 바이오화학 산업, 인공종자 농업 등 새로운 산업을 일으킨다. 새로운 산업은 우리에게 먹거리와 일자리 기회를 준다. 일본의 경우 바이오화학이나 바이오헬스케어가 5차 산업혁명의 핵심이라고 생각한다. 예를 들면, 일본에서는 식물을 100만 종 이상의 물질 제조가 가능한 산업소재 생산 수단으로 보기 시작했다. 우리나라의 바이오산업은 년 2000억 달러 정도의 경제규모로, 100만 명의 일자리 창출이 기대된다. 인공지능 산업혁명에서 일자리 문제를 해결할 산업이다. 실현은 우리의 노력에 달려 있다. 이러한 사회의 원동력은 우수한 인재다. 인재양성을 통한 혁신적인 연구개발과 새로운 개념의 협력이 중요하다. 이를 뒷받침할 효율적인 정책의 수립과 시행에 바이오혁명의 성패가 달려 있다.

이 정도면 큰 변화가 생긴 것일까? 바이오경제를 벗어나 다음 단계의 바이오사회가 된 것인가? 4차 인공지능 산업사회와 무엇이 다른가? 지금의 사회와 근본적으로 달라진 것은 무엇일까? 인간의 존엄성과 인간 중심의 가치관만큼은 변치 않을 것이다. 과학기술이 우리 삶의 형태를 바꾸고 있지만, 인간과 인간의 소통과 행복 추구는 여전할 것이다. 우리가 마차를 타고 이동하든, 자동차로 이동하든 인간과 인간이 만나는 것은 같다.

일본은 발빠르게 바이오산업의 변화를 5차 산업혁명이라고 부르기 시작했다. 우리에게 5차 산업혁명이라는 단어는 매우 낯설고 거부감도 있다. 하지만 4차산업혁명에서 뒤처진 상황을 인식하고 바이오산업혁명에서는 우리가 앞장서야 할 것이다.

각각의 자료에 대한 문헌은 인용하지 않았다. 세부적인 자료와 정보 등은 참고자료에서 얻을 수 있다. 숫자는 자료의 소스와 범위에 따라 다르게 보고되어, 규모를 소개하는 정도로 제시했다. 이 책을 위해 한국바이오협회, 생명공학정책연구센터, 한국과학창의재단, 미국바이오협회, 서울대 Bio-CEO과정 등에서 발간되는 소식지와 자료, 사이언스 Science 등의 학술지를 활용했고, 여러 전문가와 많은 토론을 했다. 세부적인 정보와 자료는 인터넷이나 관련 단행본, 보고서, 논문 등을 참고하면 된다.

원고를 읽고 조언해 준 이들, 특히 김은기교수, 박경문교수, 송지용박사, 최수진박사, 서진호교수, 박형연박사, 임교빈교수, 김광선교수, 김우년교수, 조영임교수에게 고마움을 표하고, 인공장기 분야를 알게 해주신 안규리교수, 집필을 격려해주신 김성곤교수, 은사 정완호교수께 감사드린다. 그리고 늘 옆에서 의논 상대가 되어준 아들 찬우를 기억한다. 또 본 도서를 쾌히 출판해주신 출판사 대표와 관계자들께도 감사의 뜻을 전한다.

2019년 1월

관악산 연구실에서

유 영 제

차례

1

세상의 변화는 바이오경제를 견인한다

세상은 변화하고 변화는 기회다

세상은 변화하고 있다. 오늘은 어제와 큰 차이 없어 보이지만 1년이 가고, 10년이 가면 많이 변했다는 생각이 든다. 1980년대 개인 컴퓨터PC, personal computer가 보급될 때 마이크로소프트Microsoft는 일반인도 컴퓨터를 쉽게 다룰 수 있도록 윈도우 제품을 출시했고, 애플Apple은 그래픽에 강점이 있는 매킨토시를 출시했다. 2000년이 되자 PC는 성능의 변화는 크지 않지만 가벼워지기 시작했다. 1990년부터는 휴대폰이 보급되고 인터넷이 시작되면서 스마트폰으로 진화되고 이메일이 보편화되기 시작했다. 인터넷이 발전하면서 이를 활용하는 구글Google, 아마존Amazon 등이 탄생했다. 2000년부터는 전기자동차가 소개되었고 2010년부터는 인공지능으로 대표되는 4차산업혁명이 세상의 변화를 주도하고 있다. 2020년이 되니 자율주행차의 도입이 눈앞에 다가왔고 기후 변화로 인한 탄소중립 이슈가 물위로 올라왔다. 그리고 코로나19라는 팬데믹pandemic이 세상에 충격을 주고 사회를 변화시키고 있다. 세상의 변화는 새로운 기술을 낳고, 새로운 기술은 기업을 성장시키고 경제를 발전시킨다.

기회를 잡으려면 시대의 변화를 읽어야 한다. 세상이 어떻게 변화하고 있는지 알아야 도전할 수 있다. 변화를 읽지 못하면 패자가 된다. 디지털 카메라가 등장한 초기에는 사진의 화질이 그렇게 우수하지 못했다. 그래서 사람들은 디지털 카메라는 순간적인 기록에는 좋겠지만 화질이 별로니 사진은 역시 필름을 써야 한다고 생각했다. 그러나 디지털 카메라 기술은 꾸준히 발전해서 이제는 프로 사진작

가도 디지털 카메라로 사진을 찍고 작품을 만든다. 필름을 고집하던 회사들은 그동안 발전 없이 도리어 회사의 규모가 축소되는 아픔을 겪었다.

자동차도 보자. 이제는 지구 온난화 문제로 조만간 휘발유와 경유 자동차는 사라지고 그 자리는 전기자동차, 수소자동차 등 친환경 자동차가 차지할 것이다. 2000년대 초에 전기자동차를 만드는 테슬라 Tesla가 설립되었고 전기 자동차에 사용되는 배터리를 제조 연구했다. 또 인공지능의 발달로 자율주행 자동차가 지금의 자동차를 대체해 나갈 것이다. 이러한 변화가 이제는 가시화되고 있다. 다음 단계는 무엇인가? 날으는 자동차다. 아우디 자동차 회사는 무인비행 택시를 10년 뒤에 도입할 목적으로 투자를 시작했다. 도심의 복잡한 교통 혼잡을 피할 수 있는 미래 기술이다. 드론의 발달과 자율주행 자동차의 발전은 비행 자동차의 개발을 앞당길 수 있을지 모른다.

본격적인 바이오 기업의 탄생과 성장은 1973년 유전자재조합 기술이 소개되었을 때 이 기술의 가치를 읽고 벤처를 설립하고 제품을 개발한 데서 시작되었다. 초기에 타겟이 된 제품은 단백질 치료제다. 단백질은 구조가 복잡하여 화학적으로 합성이 불가능했는데 유전자재조합 기술로 대량 생산이 가능해졌다. 단백질 치료제 시장의 가능성을 보고 벤처 기업이 많이 설립되었고 대기업들도 경쟁적으로 참여했다. 1980년대부터 기술과 비즈니스를 특허로 보호받으며 오랫동안 수익을 창출했다. 2020년까지 약 40년간 의료, 제약, 화학소재, 농업 등 다양한 분야에서 엄청난 영향을 미치고 있다.

변화 추세를 예측할 수 있을까?

변화 추세는 어떻게 미리 알 수 있을까? 이미 신제품이 개발된 다음에는 늦다.

현재 진행되고 있는 연구를 분석하는 방법이 있다. 전문 학회의 학술행사에 참석하면 연구 동향, 관심사를 읽을 수 있다. 또는 전문 학술지의 논문을 보면 현재의 연구 성과를 알 수 있다. 그러나 학술지의 논문은 성공한 연구의 논문이라 연구가 시작된 지는 이미 한참 지났다. 모든 연구가 성공하는 것은 아니지만, 연구하는 과정에서 새로운 기술이 개발되기도 한다. 그것이 새로운 변화를 만들어 낸다. 그러므로 연구의 내용과 진행 정도를 잘 분석하면 앞으로 세상이 어떻게 변화할지 어느 정도 예측이 가능하다.

다른 방법은 오늘날 우리 사회의 문제가 되는 이슈를 분석하는 것이다. 연구의 상당수는 우리 사회가 당면한 이슈를 해결하려는 것이다. 물론 호기심에서 자연 현상을 연구하고 그 과정에서 신기술이 탄생하기도 하지만, 대부분 지금의 이슈에 도전하는 연구다. 그래서 오늘의 이슈를 분석하면 향후 사회의 변화를 예측할 수 있다. 세계적인 다국적 기업은 세상의 문제와 이슈를 해결하는 사업에 도전하고 그 결과로 성장하고 있다. 오늘의 이슈는 무엇인가? 누가 이러한 이슈에 도전하고 있나? 성과가 어디까지 나왔나? 이러한 질문을 하다 보면 자연스럽게 언제 어떠한 성과가 나와 사회의 이슈 해결에 도움이 될 수 있을지 예측할 수 있다. 그러면 다음 단계는 그것이 경제에 미치는 효과를 분석하면 된다. 물론 현재 시장을 과학적으로 분석하는 건 쉬운 일이 아니다.

기술이 개발되면서 상상하던 일들이 현실이 되고 있다. 초판 서문에서 설명한 것처럼 20년이면 세상이 바뀐다. 연구를 시작한 지 20년이면 쓸만한 기술이 개발되고 또 20년이 지나면 신기술이 널리 보급되어 세상이 변한다. 무슨 연구가 진행중인지, 무슨 기술이 개발되었는지를 알면 그 다음 단계를 예측할 수 있다. 연구 단계에서 실패하거나 기술 개발 단계에서 어려움에 처한 경우도 많다. 기술이 개발되어도 산업으로 발전하는 것은 또 다른 이야기다. 경제적으로 그리고 사회적으로 매력이 없으면 산업으로 성장하기 어렵다. 변화는 새로운 먹거리와 일자리도 창출한다. 세계가 코로나19 사태를 겪으면서 기술 변화는 가속화될 것이다. 이제는 20년이 10년으로 단축될 지 모른다. 시장이 있으면 경제 효과 때문에 기업이 기술 개발에 집중 투자할테고, 정부도 정책적 뒷받침이 중요하다는 것을 코로나19 백신을 개발하는 과정에서 배웠기 때문이다.

우리 사회도 끊임없이 변화하고 있다. 정치적인 이슈를 제외하면 최근의 중요한 변화는 다음과 같다.

- 코로나19 사태로 세상이 많이 달라졌다.
- 지구온난화로 기후 변화가 심각해지고 있다.
- 인공지능으로 대표되는 4차산업혁명이 진행 중이다.
- 100세 장수 시대로 고령자가 빠르게 증가하고 있다.
- 기술의 진보가 과거 어느 때보다 빠르다.

이러한 변화는 갑자기 오기도 하고 서서히 오기도 하지만, 결과적으로 우리 사회를 바꾼다. 우리 사회를 어떻게 바꾸는지, 경제에 어떠한 영향을 미칠는지 살펴보자.

1. 코로나19 사회

2020년, 우리는 과거에 겪어보지 못한 사태를 경험했다. 바로 코로나 바이러스에 의한 세계 대유행 전염병, 팬데믹pandemic이다. 갑자기 세상이 조용해졌다. 비대면이 일상이 되고 해외 여행이 중단되었다. 2020년에 세계를 정지시킨 코로나19는 우리의 일상을 바꾸어 놓았다. 우리가 경험하고 있는 변화는 비대면이다. 전염병의 확산을 막으려면 비대면이 필수이기 때문이다. 비대면 사회가 새로운 노말new normal인 시대로 바뀌고 있다.

출근하면 코로나19 감염 가능성이 높으니 재택 근무를 선호하게 되었다. 외국 여행이 제한되고 여럿이 모이는 기회도 줄었다. 그러다 보니 여행과 항공 산업이 타격을 입었다. 외출이 줄면서 요식업 등도 타격이 크다.

학생들이 학교를 가지 못하면서 온라인 강의가 대면 강의를 대체했다. 대학은 오래 전부터 MOOC(Massive Open Online Course)라는 온라인 공개수업이 있어서 앞으로는 대학이 사라질 것이라는 예측도 있었지만 크게 변하지는 않았다. 교수와 학생의 만남, 학생끼리 만남, 다양한 활동 등 대학이 갖는 장점이 많아서다. 코로나19는 이러한 만남의 기회를 줄이고 비대면 강의를 자연스럽게 받아들이게 했다. 앞으로 대학의 비대면 강의는 더욱 늘어날 것이고 대학의 필요성에 의문이 제기될 것이다. 교수와 학생들의 모임에도 새로운 방법이 도입되는 등 새로운 대학 문화가 자리잡을 것이다.

재택근무, 온라인 강의가 꾸준히 늘어나면서 이에 필요한 컴퓨터 등 관련 장비와 소프트웨어의 수요도 크게 증가했다. 직장에 출퇴근하는 방식에도 변화가 오고, 도심의 좁고 비싼 아파트 대신 여유있는 공간을 선택하는 이도 많아지고 있다. 온라인 쇼핑도 크게 늘었다. 인터넷 쇼핑이 시작된 지는 오래 됐지만 이제는 외출 기회가 줄어들면서 생필품과 식품 등으로 확대되고 있다. 앞으로도 비대면 쇼핑은 계속 증가할 것이다. 옷도 인공지능과 연계하여 가상현실에서 입어보고 가상전문가의 조언을 들으면서 구입하게 될 것이다.

코로나19 이후 직업에도 변화가 예측된다. 디지털 전환, 물리적 근접성을 피하려는 방향으로 고임금 직업의 수요가 증가할 것이다. 의료, STEM[1], 운송 분야의 고용 수요는 증가할 것이다. 코로나19가 가져오는 사회, 경제 등의 변화에 대한 도서와 자료가 인터넷에 많다.

그 중에서 바이오와 관련된 것들을 간단히 살펴보자. 코로나의 진단, 백신에 대한 관심이 늘었고 병원에 가는 대신 원격진료가 부분적으로 허용되었다. 우리나라는 초기 방역을 잘해서 K-바이오에 대해 좋은 평가를 받았다. 그러나 아프리카 등의 개발도상국은 초기 대응이 늦고 마스크 보급도 안 되어 코로나19가 많이 확산되었다. 2021년 초에 백신이 개발되었지만 개발국 우선주의 때문에 개발도상국에는 보급이 늦어지고 있어 세계적으로 가난한 나라와 힘있는 나라의 차이를 절감하게 되었다.

1 STEM : Science, Technology, Engineering and Mathmatics. 과학, 기술, 공학, 수학의 중요성을 일컫는 용어.

바이러스 백신과 치료제

코로나19로 인해 전세계적으로 수많은 환자가 발생하고 많은 이가 목숨을 잃었다. 여행업, 항공업, 식당 등의 자영업은 물론이고 세계 경제가 큰 타격을 입어 실업자가 증가하고 경제 성장은 주춤했다. 바이러스 질병이 이렇게 무서운 줄 미처 몰랐다. 예전 같았으면 새로운 백신 개발에 5~10년이 걸렸을 텐데 코로나19 백신은 1년도 안 되어 개발되고 접종이 시작되었다. 상당한 시간이 걸리는 일을 코로나19 사태가 크게 바꾸어 놓았다. 물론 집단 면역 효과가 있으려면 시간이 걸릴 것이다. 하지만 이 과정에서 우리는 초기에 K-방역이라는 좋은 평판을 얻었고 진단 키트와 시약은 해외로 수출했다. 백신 개발의 선두 주자는 미국, 영국, 독일, 중국, 러시아다. 하지만 우리도 백신과 치료제 개발에 노력을 기울이고 있어 장기적으로 우리나라 제약 산업의 발전에 기여할 것으로 기대된다. 변종 바이러스와 새로운 바이러스가 나타날 수도 있다. 바이러스 질병을 예방하기 위한 백신 개발과 치료제 개발은 앞으로도 글로벌 과제다.

K-바이오에 대한 기대

코로나19 사태로 인한 K-바이오 인지도가 올라가고 정부의 신약개발, 바이오헬스에 대한 연구비 지원 등 육성 정책 결과로 우리나라의 바이오헬스 수출은 2019년 154억 달러, 2021년 200억 달러, 2025년에는 300억 달러를 목표로 계속 성장하고 있다. 의료기기, 재생의료, 바이오제약이 수출을 주도하고 있다. 국내 제약바이오 업계는 EU, 미국 시장에 진출했고, 이제는 세계 시장 규모 2위로 꼽히는 중국 바이오 시장 진출에 열을 올리고 있다.

얼마 전까지만 해도 우리나라의 제약회사는 대부분 외국의 약을 수입하여 제제화한 다음 포장 판매하는 수준이었다. 신약 개발은 남의 나라 이야기였다. 신약 개발에는 20억 달러(약 2조 원) 이상의 엄청난 비용과 10년 이상의 시간이 걸리니 우리나라의 제약 기업은 엄두도 못 냈었다. 이제는 상황이 바뀌었다. 지난 20여 년 동안의 노력으로 신약 후보 물질들이 등장하고, 글로벌 제약기업에 기술 이전하여 임상 시험을 하고 있다. 우리나라 기업이 직접 임상 시험도 한다. 세계 제약시장은 2020년에 1조5000억 달러 규모로 추정되는데, 우리나라는 전체의 1~2% 수준이다. 신약 개발과 수출 확대로 우리의 시장 점유율을 3~5%로 끌어 올린다면 제약산업이 치료제 공급을 넘어 주력산업으로서 우리나라 경제에 큰 기여를 할 것이다. 꿈은 현실이 되고 있다.

원격의료

정부는 코로나 확산을 막기 위하여 비대면 원격진료를 부분 허용하였다. 과거에는 대형 병원만의 특혜라며 원격진료에 대한 반대가 있었다. 이제는 비대면 진료를 반대만 할 수 없는 상황이다. 지금까지는 아프면 병원에 가서 치료받는 것이 당연했으나, 이제는 빅데이터, 인공지능, IT 디지털 기술이 의료분야에 활용되어 건강상태가

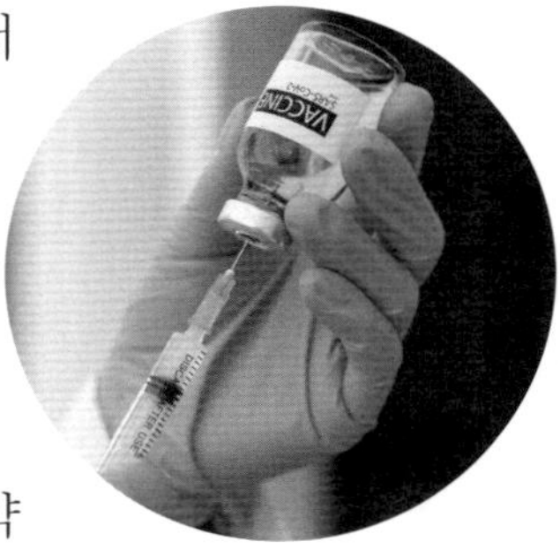

모니터링되고, 진료할 수 있는 지능형 서비스가 도입되고 있다. 세계적인 추세다. 사전 예방과 관리 서비스도 추가된다. 이것은 의료산업에 기회다. 미국의 원격의료 시장은 2019년 175억 달러였으나 2030년에는 1200억 달러(약 140조 원) 규모가 될 것이다. 모바일mobile 의료, 원격 환자 모니터링, 긴급 응급 대응 시스템의 확대가 주 요인이다.

원격의료의 확대는 새로운 사회를 만든다. 몸에 이상이 생기면 전에는 병원을 갔지만, 이제는 비대면 유비쿼터스ubiquitous 시대다. 지방에서 서울에 있는 병원에 가려고 기차나 버스로 몇 시간을 간다. 그러고 병원에서는 의사와 몇 분 정도 대면한다. 간단한 질문을 주고받고 처방전을 받는다. 그러고 다시 몇 시간 걸려 집으로 간다. 이런 경우 비대면 의료는 여러 도움을 준다. 의사와 인터넷/스마트폰을 통하여 화상으로 연결된다. 의사는 최근의 건강 관련 데이터를 보고 환자와 상담한다. 이러한 비대면 유비쿼터스 의료는, 단어 뜻 그대로 언제 어디서나 의료가 가능하다. 멀리 외국에 여행을 가든, 오지에 머물든 언제 어디서든 병원과 연결된다. 개인 주치의 개념도 보다 잘 정립된다. 큰 병원은 특별한 경우에 찾는 곳이다. 원격의료를 시범 도입한 2015년, 원격진료를 도입하면 동네 병원이 큰 피해를 입는다던 우려와는 다른 현실이다. 코로나19로 비대면 의료의 필요성이 강조되면서 점차 비대면 의료가 보편화될 것이다. 병원에 가도 환자가 처음 만나는 것은 인공지능 의사다. 인공지능 의사와 면담한 다음에 실제 의사와 만난다.

2. 탄소중립

지구온난화가 더욱 심각해지고 있다. 지구온난화 방지를 위한 탄소중립[2]이 최근의 빅뉴스다. 향후 10년 이내에 조치가 필요한 시급한 문제로, 여러 나라가 해결책을 찾고 있다. 2020년이 기후변화의 위기감이 정책으로 연결된 시점이라면 2030년은 기술개발과 실용화로 관련 산업에 큰 변화가 오는 시점이 될 것이다. 2050년 탄소중립을 목표로 한다면 향후 10-20년이 기술을 개발하고 실용화를 시작하는 중요한 시기다. 이것은 전지구적 혁신이며 천문학적인 규모로 경제에 파급을 줄 것이다.

지구온난화는 북극곰만의 문제거나 몰디브[3]로 신혼 여행을 갈 수 있느냐의 문제가 아니다. 우리 인류의 생존과 직결된 문제다. 지구온난화의 주범인 이산화탄소는 발전소와 자동차, 철강, 석유화학, 시멘트 등을 생산하는 공장에서 많이 발생한다. 소가 내뿜는 메탄가스도 온실 가스라 축산업도 영향을 받는다. 세계는 지금 비상이다. 20~30년 이내에 이산화탄소 배출을 제로로 만들어야 한다. 그렇지

2 탄소중립carbon neutral : 이산화탄소를 배출한 만큼 이산화탄소를 흡수하는 방법으로 이산화탄소의 실질적인 배출량을 0으로 한다는 개념

3 몰디브 : 아시아 남부 스리랑카 근처의 몰디브 제도로 된 국가, 1190여 개의 작은 섬으로 이루어져 있어 세계적으로 아름다운 관광 휴양지다. 최근 기후 변화로 섬들이 물에 잠기기 시작하였다.

않으면 재앙이 온다. 이미 많은 이들이 실감하기 시작하였다. 우리나라를 비롯하여 많은 나라가 탄소중립 정책을 발표하였다.

최근 빌 게이츠가 『기후재앙을 피하는 법』이라는 책을 발간하였다 우리가 배출하는 온실가스는 510억 톤인데 31%는 시멘트, 철강, 석유화학 공장 등에서 발생하며, 27%는 전기를 생산하는 과정에서, 19%는 식물과 가축의 재배와 사육 과정에서, 18%는 자동차 등의 운송장비에서 그리고 7%는 냉난방에서 발생한다고 한다. 이러한 데이터를 보면 우리가 무엇을 해야 하는지 분명해진다.

공장 굴뚝에서 나오는 이산화탄소를 줄이고 무해한 것으로 바꾸어야 한다. 석탄, 석유 이외의 새로운 에너지를 개발하여야 한다. 에너지 절약과 재생에너지로는 한계가 있으니 장기적으로 안전한 원자력, 핵융합이 답일 것이다. 또 휘발유와 경유를 사용하지 않는 자동차가 필요하다. 농업에서도 이산화탄소와 소의 메탄과 같은 온실가스를 줄여야 한다. 생활에서는 자원과 에너지 소비를 줄여야 한

북극곰 : 빙하가 녹으면 어디로 갈까?

다. 그렇게 하지 못하면 결국 지구의 온도는 더 올라가고 북극의 빙하가 녹아 해안가 육지의 상당 부분이 물에 잠긴다. 그리고 기후 이상으로 폭염과 태풍이 빈번히 오고 아프리카의 강물도 메말라 농사는커녕 식수를 구하는 것도 더 어려워진다. 앞으로 20~30년이 우리 인간에게 허용된 유일한 시간이다.

우리의 일상은 친환경으로 바뀔 것이다. 매일 출근하던 문화는 코로나19 사태 이후 필요할 때 출근하는 문화로 바뀌었지만, 세상 일이란 얼굴을 보고 마주앉아 이야기를 나누어야 잘 돌아가는 것이기에, 특별한 일이 없으면 출근한다. 자동차를 탄다. 시동 걸 때의 매콤한 휘발유 냄새는 나지 않는다. 바이오에너지 자동차, 전기 자동차, 수소 자동차 등 친환경 자동차를 이용해서다. 자율주행 차가 대세고 카세어링car sharing도 보편적이다. 그래도 이동 수단은 필요하다. 자동차 소재는 석유화학 제품이 아닌 친환경소재를 사용한다. 생산과정에서 이산화탄소 발생이 없는 바이오화학 제품이다. 모든 소재는 최대한 친환경으로 생산한다. 인류가 이상기온으로 오랜 기간 시달리면서 친환경적인 생활과 산업이 지구를 살리는 길임을 터득하였기 때문이다. 지구 환경과 관련한 새로운 비즈니스가 생겨난다. 발전소나 산업 설비에서 발생하는 온실 가스는 포집하여 유용한 소재로 바꾼다. 이 기술은 이미 기초 연구가 끝나고 시험 공장에서 테스트하는 단계다. 새로운 산업이 탄생하고 지구 온난화 문제도 해결되고 있다. 플라스틱은 사용 후에 완전 재활용되기 시작하였고, 버려야 하는 것은 생분해성 플라스틱이다. 파리 조약에서 2020년 미국이 잠시 탈퇴하였으나 이제는 많은 국가가 탄소중립을 선언하고 지구 환경 살리기에 매진하면서 지구 환경은 회복될 것으로 전망된다.

기후 변화를 막으려면 새로운 에너지의 개발, 이산화탄소 배출을 줄일 수 있는 기술, 이산화탄소를 다른 소재로 전환할 수 있는 기술이 중요하다. 기술의 개발과 실용화를 위해서는 충분한 연구비의 투입, 시장을 선도할 수 있는 인센티브의 제공이 필요하다. 이것은 에너지 산업, 탄소배출권 사업, 바이오화학 산업 등 새로운 산업을 형성할 것이다. 이러한 트렌드에 맞추어 기업에서도 ESG[4] 경영을 강조하기 시작하였다.

바이오화학[5]

2019년 LG화학은 미국에 바이오화학 공장 건설을 발표하였고, 2021년 정부는 탄소중립을 목표로 바이오화학의 발전을 가속화하겠다고 발표, '화이트바이오 연대협력 협의체'까지 발족시켰다. 바이오 기술의 개발과 이산화탄소 저감, 원유가격의 상승은 이 분야의 발전을 가속화하고 있다. 지구환경에 대한 소비자의 관심과 정부의 인센티브는 바이오화학을 조기에 새로운 경제 성장 동력으로 만들 것이다. 세계 5위 규모의 우리 석유화학산업 수준과 전통적인 바이오산업 기술을 결합하면 세계적인 경쟁력을 갖는 바이오화학 산업 국가로 도약할 수 있을 것이다.

4 ESG, Environmental, Social and Governance 경영 : 친환경, 사회적 책임 그리고 지배구조 개선에 대한 철학을 담은 경영

5 바이오화학White Bio : 바이오 기술과 원료로 화학 소재를 만드는 분야를 지칭함. 공해가 없어 화이트white로 표현

바이오화학이란 석유화학과 비교하여 사용하는 용어로 석유 대신에 바이오자원을 이용하여 소재를 만드는 분야를 통칭한다. 중간 과정에서 바이오기술을 활용하는 분야도 친환경이므로 바이오화학에 포함된다. 플라스틱이 새로운 소재라고 각광받던 시절이 있었다. 지금은 플라스틱 쓰레기로 인한 생태계 문제, 플라스틱 제조 공정에서 발생하는 이산화탄소 등 많은 이슈가 제기되고 있다. 플라스틱의 사용을 줄이고 최대한 재활용해야 한다. 플라스틱을 친환경으로 만들어 이산화탄소의 발생을 줄여야 한다. 필요한 경우엔 썩는 플라스틱을 사용하여야 한다. 최근 CJ제일제당이 생분해성 플라스틱 사업 진출을 발표하는 등 많은 기업이 친환경플라스틱 사업에 참여하기 시작하였다. 미국이나 EU에 비하면 다소 늦은 감도 있지만, 기업들이 본격적으로 참여하면 산업과 경제에의 영향은 클 것이다.

광합성을 모방한 인공광합성은 우리 인류의 꿈으로, 실용화를 향하고 있다. 아직 포도당은 못 만들지만 간단한 구조의 화합물은 합성한다. 머지않아 포도당을 경제적으로 합성할 수 있게 될 것이다. 자동차 연료는 지금까지 휘발유와 경유가 대세였다. 앞으로는 전기, 수소 그리고 바이오 연료가 사용된다. 바이오 연료에는 대표적으로 메탄, 에탄올, 부탄올, 디젤이 있다. 바이오에너지 기술은 바이오화학 제품, 바이오플라스틱 생산, 이산화탄소 저감과 서로 연계된다.

친환경 농업, 인공육

아프리카에 비료 공장과 농약 공장을 건설하여 비료와 농약을 사용하면 식량 생산이 늘고, 그러면 먹을 것이 없어서 굶는 사람이 줄어들 것이라고 한다. 오래 전에 그렇게 했다. 그래서 지금 정도의 식량이 생산된다. 그럼 앞으로도 계속 비료와 농약을 사용할 것인가?

농약이나 비료의 사용을 줄일 수 있는 작물의 개발이 필요하다. 가뭄에 견딜 수 있는 작물의 개발이 필요하다. 이런 기술은 스마트 농장이거나 작물의 유전자를 조작하여야 한다. 물론 안전하게. 최근 소개되고 있는 유전자 가위 기술은 그러한 작물의 개발을 앞당기고 있다.

소가 내뿜는 메탄은 온실가스니 배출량을 줄여야 한다. 다양한 방법이 연구되고 있다. 사료에 해조류를 첨가하니 메탄 발생량이 80%나 감소했다는 연구 결과가 발표되어 해조류를 사료에 첨가하기 위한 회사가 설립되었다. 다른 방법은 육류 소비를 줄이는 것이다. 최근 인공육의 맛과 식감이 상당히 좋아져 머지않아 인공육 시장이 급속히 커질 것으로 예상된다. 그러면 인공육 생산은 지구온난화 방지, 원활한 식량 수급에 도움을 줄 수 있는 등 큰 의미를 갖는다. 인공 쇠고기, 돼지고기, 닭고기 등이 대상이다. 「시험관에서 키워 낸 인공고기 배양육이 2025년 안에 실용화」 우리나라에서 최근 발표된 기사의 내용이다. 국내에서도 스타트업 회사인 다나그린, 노아바이오텍 등이 줄기세포 배양으로 닭고기와 쇠고기를 개발하고 있다. 2019년 기준 글로벌 30여 개, 국내에서는 5개 기업이 참여하고 있다. 2020년 미국기업 잇저스트는 싱가포르에서 닭고기의 판매를 시작했다.

3. 인공지능 혁명

세계는 지금 제4차산업혁명을 맞이하고 있다. 정보화로 대표되는 3차 산업혁명의 뒤를 이어 인공지능(AI, Artificial Intelligence), 사물인터넷(IoT, Internet of Things), 빅 데이터(Big Data)가 주도하는 산업혁명을 4차산업혁명이라고 하는데 디지털 문명을 가속화하고 새로운 먹거리와 일자리를 창출하고 있다. 2021년 4월에는 뇌에 칩을 이식한 원숭이가 생각만으로 컴퓨터게임을 하는 장면이 TV에 방영되었다. IT기술은 이렇게 발전하고 있다.

인공지능과 IT기술의 발달은 대화할 수 있는 로봇을 탄생시켰다. 말을 알아 듣고 필요한 정보를 제공할뿐더러 감정 표현도 할 수 있는 로봇이다. 반려 동물 대신 로봇이 그 자리를 대신할 수도 있을 것이다. 스마트 팜, 스마트 시티, 자율주행 자동차 등 모든 것이 스마트해지는 세상이다. 가전 제품은 물론, 다양한 제품에 인공지능이 도입되고 있다. 드론 기술과 자율주행 자동차의 발전, 로봇의 진화에는 모두 인공지능이 중요한 역할을 하고 있다.

세계 곳곳의 항공기 엔진의 상태를 원격으로 파악하고 필요하면 실시간으로 부품을 교체해 준다. 건설 장비도 같은 방식으로 관리한다. 기계나 장비를 팔기만 하던 시대가 바뀌었다. 가정에 있는 전등 같은 가전제품을 스마트폰으로 조정할 수 있다. CCTV와 연결하면

집안이나 작업장에서 일어나는 일들을 실시간으로 볼 수 있다. 세상의 모든 것들이 연결되고 지능화되고 있다.

이러한 일을 하는 직장이 급격하게 증가하고 있으나 인공지능 전문가를 구하는 것이 어려워지고 있다. 이러한 트렌드에 대응하려고 인력 양성을 위해 대학에 인공지능학과와 전문 연구소도 생겨났다. 인공지능이 어디까지 진화할 수 있는지 관심도 높다. 인공지능은 자기 학습 기능이 있으니 인간의 능력을 넘어설 것으로 예측하기도 한다.

인공지능, IT기술과 연계되는 바이오 기술에 대한 관심도 증가하고 있다. 특히 바이오 기술과의 융합이 강조되고 있다.

의료에의 도입

IT기술의 발달로 뇌와 컴퓨터를 연결시키는 기술이 발달하고 있다. '케이크 먹어볼까' 생각하자 로봇팔이 움직였다. 이것은 최근 언론에 소개된 내용이다. 49세 미국인이 33년 전 사고로 팔 다리가 모두 마비되었는데 2020년 말, 포크와 나이프를 들고 다시 식사할 수 있었다. 이것은 생각만으로 로봇팔을 조종할 수 있게 한 연구의 결과다. 환자가 팔을 움직이고 싶다는 뇌의 신호가 뇌에 이식한 전극을 통하여 로봇팔에 전달되는 것이다. 아직은 초기이지만 뇌의 신호를 읽어 로봇에 전달하는 기술은 실용화를 눈앞에 두고 있다.

전기 자동차를 제조하는 테슬라Tesla, 민간우주왕복선 개발사인 스페이스X 설립자인 일론 머스크는 뉴럴링크라는 회사를 설립하였는데, 이곳은 뇌에 작은 전극을 심어 컴퓨터와 연결하는 기술을 개발하는 회사다. 단기적으로는 간질, 우울증 등의 질병 치료에 기여하겠으나 장기적으로는 인간과 기계의 융합, 생각을 읽고 활용하는 단계까지 생각할 수 있다. 이러한 기술이 개발되면 다양한 분야에 응용되고 산업으로도 발전될 것이다.

질병 진단에도 인공지능이 사용된다. 인공지능 왓슨으로 암을 진단하고 MRI 등의 영상을 해석하여 진단을 정확하게 할 수 있다. 경험 많은 의사들이 한 영상 진단을 이제는 인공지능이 할 수 있다. 또 지금까지 누적된 수많은 환자의 데이터로부터 ―Big Data라고 한다― 통계적인 방법으로 질병을 예측하고 치료방법을 제안한다. 수십 년간 환자를 진료한 의사의 경험을 넘어서는 학습이 가능한 것이다.

스마트 팜

농업 분야에도 IT와 빅 데이터가 결합된 스마트 팜smart farm이 급속도로 보급되고 있다. 스마트 팜의 하나인 수직농장은 특수 배지나 인공토양에서 작물을 재배하므로 토지와 물 등의 자원을 최대한 줄일 수 있다. 미국의 벤처 회사인 플랜티Plenty는 수직농업 방식으로 재배면적을 99% 줄였다. 물도 95% 이상 재활용 가능하다. 여기에는 소프트뱅크의 손정의 회장, 구글 알파벳의 에릭 슈미츠 전 회장 등이 투자한 것으로 알려졌다. 최근에는 중국에 300개의 수직농장 건설 계획이 발표되었다. 플렌티 회사가 2억 달러를 투자할 계획이라는데, 벽면에 작물을 기르는 방식이다. 이렇게 함으로써 전통적인 농장과 비교하여 생산성이 350배나 올라가고 물 소비량은 1%에 불과하다고 한다. 허브, 케일, 겨자 등을 생산하여 대도시에 공급하는데, 깨끗한 유기농이라는 점을 강조한다. 우리나라도 최근 스마트 농업을 강조하기 시작하였다. 우리나라의 스마트농업 보급율은 아직 1%이다. 네덜란드는 이미 99%이다. 우리가 10~30% 보급을 목표로 한다면 스마트농업 시장은 지금보다 10~30배 증가하는 것이다.

스마트 팜은 우리의 생각에도 많은 변화를 준다. 시골에서 농사짓는 지인이 채소와 과일을 보내주면 우리는 고맙다. 농사는 매우 힘든 일인데 그 산물을 나와 나누는 것은 미덕을 떠나 매우 고마운 일이다. 그러나 미래의 농업은 밭농사가 아니라 자동화된 대형 첨단 온실 시설에서 파종하고 키우고 수확할 것이다.(스마트 농업이라고 한다) 포장하여 보내는 것까지 자동으로 이루어진다. 농사 짓는 농

스마트 팜이 대세다.

부가 아니라 첨단 스마트 농장 사장이다. 2016년에는 도시에서 시범적으로만 이루어지던 농업 방식이 이미 많이 보급되어 농업과 농부에 대한 개념이 바뀌었다. 옛날에는 농촌에 젊은이도 많았다. 2000년이 되니 농촌에 젊은이가 별로 없다면서 젊은이들의 귀농을 대단한 뉴스거리로 다루었다. 아직도 농촌 하면 논밭에서 농사짓는 이미지다. 힘든 육체 노동이고 날씨와 기후에 의존하는 옛 방식의 농업이다. 그래도 누구 눈치 안 보고 일할 수 있어서 많이들 선호했다. 이제 귀농은 건강상의 이유나 도시 생활과 경제적인 압박에서 벗어나려는 탈출구가 아니라 새로운 기회의 장소다. 인공지능과 정보통신 등의 기술 발달로 농촌의 모습은 변화하기 시작하였다. 자동화된 시설 덕분에 육체적으로 힘든 일은 별로 없다. 날씨와 기후에 크게 의존하지 않고, 수익도 좋아졌다. 인터넷으로 주문 받고 배송하니 유통 중간 단계가 생략되어 생산자와 소비자 모두 이익을 본다. 인터넷 주문을 외국에서도 받는, 그야말로 글로벌 비즈니스다. 이제는 농사꾼이 아니라 그린바이오기업 CEO로 불리운다. 농업, 기술, 유통 전문가와의 소통과 자문도 인터넷을 통하여 이루어진다. 그린바이오 기업은 땅값이 싼 도시 외곽이나 농촌 마을에 자리잡고 있으니 공기 좋고 물가 저렴한 것도 장점이다. 이러니 젊은이도, 중장년층도 농업에 관심을 가지고 농업에 종사하는 사례가 많이 늘었다. 관련된 전문 기업도 증가했을뿐더러 농촌에 새로운 먹거리와 일자리를 제공하는 첨단 산업으로 바뀐 것이다. 새로운 농업의 경쟁력은 기술력에서 나온다. 정보통신기술과 바이오기술이 그 핵심이다.

4. 100세 장수 시대

의료 기술의 발달로 인간의 수명이 늘어나고 있다. 노령화로 인한 사회적 문제도 늘어난다. 어르신들은 일자리와 건강말고도 생활의 편의를 돌봐드려야 한다. 은퇴한 분들의 경험과 지혜를 사회를 위해 활용하는 것도 사회가 할 일이다. 노령화가 가속화될수록 의료 수요는 증가한다. 의료 기술의 발달과 소득의 증가는 의료 산업의 발전을 가속화시킨다.

우리나라는 강원도 산간지역, 남쪽 해안가 마을, 장으로 유명한 전라도 순창 등이 장수마을로 유명하다. 장수에는 깨끗한 공기와 음식, 가벼운 운동, 발효 음식 등이 주 요인으로 생각된다. 노화 연구는 이제 분자생물학적 연구로 연결되고 있다. 염색체 끝에 있는 텔로미어telomere는 염색체를 보호하는 기능이 있는데 노화될수록 길이가 짧아진다. 노화를 늦추려면 텔로미어의 길이가 줄지 않게 해야 한다. 이에 대한 연구가 진행 중이다.

지난 100년 사이에 냉장고와 깨끗한 수도물의 보급으로 상하지 않은 음식과 물을 먹고 마실 수 있게 되었다. 게다가 항생제 등 의료 기술의 발달로 인간의 수명은 길어지고 있다. 일본은 최근에 70세를 정년의 기준으로 변경했다. 우리나라는 65세이고 미국은 정년 개념이 없다. 나이로 사람을 차별하는 것도age discrimination 차별이기 때문이다. 이런 기준의 변화는 나이가 들어도 과거에 비해 건강해졌다는 걸 보여준다.

일반적으로 60~65세가 되면 정년 퇴직을 한다. 이제는 퇴직을 해도 건강해서 일을 더 할 수 있다. 사회적 경험이 많은 이들을 활용하려는 프로그램이 많이 소개되고 있지만 대부분 전문성의 활용보다는 봉사 차원이다. 그런데 병원에 가보면 상당수의 환자는 나이 들어 보인다. 고혈압, 당뇨 등 기저 질환이 점점 증가하고 있다. 도시 곳곳에 요양병원이 있고 치매 환자를 돌보는 곳이 늘어나고 있다. 나이가 많이 들면 치매에 걸릴까 두렵고 거동마저 불편해지면 요양병원을 찾아서다. 나이가 들면 건강에 대한 관심이 증가하고 의료비 지출이 늘어난다. 사회복지가 잘 되어 있으면 개인 부담이 별로 없지만, 그렇지 못하면 상당 부분을 개인이 부담하여야 하는데 이 과정에서 경제적 수준의 차이를 다시 한번 느끼게 된다. 경제적으로 여유가 있으면 좋은 실버타운이나 요양병원으로 갈 수 있다. 100세 장수 시대를 어떻게 살 것인가에 관심이 증가하고 있다. 장수 시대에 필요한 3가지 요건으로 건강, 친구, 재력을 꼽는다. 이 중에서 건강이 기본이다.

치매와 뇌과학

영화「내 머릿속의 지우개」는 뇌와 관련된 질병을 바탕에 두고 있다. 알츠하이머 질병Alzheimer's Disease을 앓게 된 여자 주인공과 건축가와의 사랑을 그린 영화다. 알츠하이머병이 우리 생활에 얼마나 심각한 문제를 야기하는지 잘 보여준다. 1994년 미국 레이건의 "나는 내가 알츠하이머병을 앓게 될 수백만 미국인 중 한 사람이라는 말을 듣게 되었습니다."라는 고백은 미국인을 비롯한 세계인들에게 경각심을 일으킨 사건이었다.

고 레이건 미국 대통령

현재 심혈관 질환, 당뇨는 진단, 예방 그리고 치료할 수 있는 방법이 있다. 암 질환도 대부분 진단과 치료가 가능하다. 유일하게 치매는 아직 모르는 것이 많다. 치매는 지능, 기억, 의지 등 정신적인 능력이 현저하게 감퇴한 것을 일컫는 용어로 그 자체가 질병은 아니다. 알츠하이머병은 치매를 일으키는 가장 흔한 퇴행성 뇌질환으로 인지 기능의 약화가 점진적으로 진행되는 병이다. 초기에는 기억력에서 문제를 보이다 점차 언어기능이나 판단력 등 여러 인지 기능 이상을 동반한다. 독일인 의사 알츠하이머Alois Alzheimer가 보고한 이후 수많은 노인이 이 질병으로 고생하고 있다. 현대인의 10대 사망 원인 중 하나지만 아직 예방, 치료 방법이 없다.

우리나라의 치매 환자는 2015년에 65만 명이었는데 2050년 300만 명 규모가 될 것이라고 한다. 치매는 진단, 예방, 치료 그리고 치매환자 돌봄 서비스가 중요하다. 치매는 전지구적 이슈다. 그래서 미국도 2025년까지 알츠하이머성 치매로 인한 국가적 문제 해결을 목표로 종합적인 계획을 수립했고, 일본, 영국 등 많은 선진국이 유사한 계획을 수립하여 실천하고 있지만 돌봄 서비스를 개선하는 수준이다. 현재로선 진단, 예방, 치료 기술에 큰 발전이 없어서 향후 연구개발이 얼마나 중요한지 알 수 있다. 연구 결과는 새로운 비즈니스로 연결될 것이다.

지금까지의 연구로는 뇌 신경세포 밖에 베타아밀로이드amyloid beta가 생성되고 이것들이 뭉쳐서 문제를 일으킨다고 알려졌다. 진단은 질의 응답을 하는 문진법MMSE, MRI와 CT 등의 뇌 영상법, PET 등의 핵의학 영상법이 있는데, 뇌 영상법은 구조적 영상에 국한되고, 핵의학 영상법은 정확도는 높으나 1회 촬영비가 고가고, 방사성 동위원소를 사용한다는 한계점이 있다. 베타아밀로이드가 알츠하이머 질병의 바이오마커이므로 베타아밀로이드를 검출할 수 있다면 진단이 가능하고, 생성된 베타아밀로이드를 분해시킬 수 있다면 어느 정도 치료효과를 기대할 수 있으므로 이에 대한 연구가 진행 중이다.

알츠하이머병은 증상이 나타나기 20~30년 전부터 뇌에 비이상적 현상이 나타나는데, 아직 치료 방법이 없는 질병이다. 질병 초기 단계에서는 뇌와 신체 활동을 많이 하면 더 이상 진행되지 않는다. 오랜 연구로 최근 반려견 치매약은 개발되었다. 반려견과 사람의 치매 병리 현상에 유사점이 90% 이상인 점을 고려하여 인체대상 임상시험 예정이라고 하니 머지않아 사람 치매 치료약이 개발될 전망이다.

파킨슨병은 뇌의 신경세포 손상으로 손과 팔에 경련이 일어나는 질병으로 도파민 신경세포의 소실이 원인으로 알려져 있다. 약물치료제가 개발되어 일상생활을 무리 없이 할 수 있는 정도다.

스트레스를 받으면 뇌질환은 아니라도 인체의 면역력이 떨어지고 기능도 저하된다. 외국 연구소에서 생쥐로 스트레스 실험을 하였다. 물에서 몇 시간을 허우적거리게 하면 쥐는 스트레스(급성스트레스)로 위가 헌다. 30분씩 여러 번 물속에 두어도(만성스트레스) 같은 결과다. 두려움 스트레스는 신체 기능에 큰 피해를 준다. 홧병으로 죽는다는 옛말이 실감나는 결과다. 일본에서는 GABA[6]라는 아미노산을 함유한 초콜릿을 스트레스 해소에 좋다고 광고한다.

뇌에서 일어나는 현상, 질병 등은 뇌과학이라는 이름으로 본격적으로 연구중이다. 뇌에서 일어나는 현상을 이해하면 수많은 응용 분야가 생긴다. 치매 치료는 물론, 기억의 재생과 외부 저장이 가능해지고 무의식과 의식 세계를 이해한다면 꿈의 해석도 새롭게 이루어질 것이다. 기술이 얼마나 빨리 개발되어 경제에 영향을 미칠지는 모르지만 새로운 분야, 파괴적 잠재력을 가진 분야임은 분명하다.

재생의료

나이 들면 몸이 여기 저기 고장 난다. 오래 사용해서라고 한다. 기계는 고장 나면 고치거나 새 것으로 교체하면 된다. 인간의 몸은 다르다. 췌장을 생각해보자. 인슐린은 췌장에서 분비된다. 췌장에 문제가 있으면 인슐린 분비가 제대로 안되어 당뇨병에 걸린다. 췌장암에 걸리는 경우도 많다. 인공 췌장이 있다면 바꾸면 된다. 그런데 인공 췌장은 아직 개발 중이다. 인공 췌장을 어떻게 만들 수 있을까. 미

6 GABA(gamma-Aminobutyric acid) : 가바, 감마-아미노부티르산, 뇌의 대사와 순환 촉진을 하는 것으로 알려져 있다.

니 돼지를 무균상태에서 사육한다. 미니 돼지는 일반 돼지의 1/3정도 크기로, 장기가 사람과 유사하다. 돼지를 사육하여 일정 단계가 되면 돼지의 췌장을 환자에게 이식 가능도록 만들어야 한다. 기능을 하고 면역 거부 작용도 없어야 한다. 이식을 성공하면 관련된 전문 기업이 생겨나고 일자리도 생길 것이다. 시술 비용과 환자 수를 고려하면 매우 큰 시장이다. 중국 등 세계 시장을 고려하면 시장은 더 커진다. 미국, 뉴질랜드, 일본, 중국 등에서 인공 췌장에 대한 임상 실험이 진행 중이다. 이미 관련 전문 기업도 생겨났다. 미니 돼지에게서 췌장은 물론 각막, 간, 심장, 신장, 폐 등을 활용할 수 있다. 그렇다면 시장 규모나 파급 효과는 더욱 커질 것이다.

기능성 식품, 장내 미생물에 대한 관심

건강에 대한 관심은 천연물과 기능성 식품에 대한 관심 증가로 연결되고 있다. 코로나19 사태를 겪으면서 면역력이 제일 중요한 건강 지표가 되었다. 면역력 증강을 위한 홍삼(우리나라 인삼류 시장 규모는 약 1조원) 등 기능성 식품의 시장이 커지고 천연물과 이에 기반한 기능성 식품 산업이 성장하고 있다. 천연물의 역할은 화장품까지 연결된다. 과거의 일반 화장품이 현재는 천연주의 화장품으로, 미래에는 기능성 화장품, 먹는 화장품으로 바뀌어갈 것이다.

우리의 식습관도 바뀔 것이다. 아침에 일어나 식사를 한다. 밥이나 빵을 먹던 오랜 전통에서 벗어나 기능성 식품으로 조리된 음식을 먹는다. 건강한 식단이니 몸무게 걱정할 필요 없고, 부족하기 쉬운

영양소가 골고루 들어 있는 맞춤형 식단이다. 당뇨 환자의 식단, 다이어트 식단, 고혈압과 심장병 환자의 식단이 각각 다른 것이 아니라 개인의 건강 상태, 기호 등을 종합적으로 고려한 개인 종합 맞춤형 식단이다. 맛있고 건강에도 좋고 우리가 원하는 식사가 있는 방향으로 미래는 가고 있다. 식생활은 단순히 에너지 섭취 활동이 아니라 건강을 먹는 것이고 나아가서는 젊음도, 아름다움도 먹거리에서 찾는다.

최근 들어 장내 미생물에 대한 관심이 증가하고 많은 연구가 수행되고 있다. 단순히 배변 활동에 도움이 된다는 수준을 넘어 우리의 건강과 직결되는 것으로 이해되기 시작하였다. 「마이크로바이옴[7] 치료제 제품화 지원」 최근 뉴스다. 건선, 역류성식도염, 비만 관련 치료제 등이 개발 중이며 미국, 영국, 우리나라에서 제품 임상단계다. 우리나라 기업들은 면역항암제(지놈앤컴퍼니), 아토피, 장질환, 자가면역질환(고바이오랩), 고형암(천랩) 등에 대하여 임상을 진행하고 있다. 인체에 존재하는 미생물의 역할에 대한 기초 연구가 지난 20년간 이어지더니 벤처에서 응용연구를 거쳐 이제는 제품화되기 시작했다.

7 마이크로바이옴 microbiome : 인간의 몸에 서식하는 미생물 마이크로바이오타 microbiota와 지놈 genome의 합성어로 인간 등에 공생하고 있는 미생물 집단

5. 빠른 기술 개발

코로나 백신 개발에 1년이 채 걸리지 않을 정도로 새로운 기술과 제품이 빠른 속도로 소개되고 있다. 물론 축적된 기술이 있어서 가능한 일이지만 수요가 있고 기업에게 기회가 있다면 필요한 기술과 제품의 개발은 단시간에 가능하다는 것을 보여준다. 정부가 백신의 시급성을 인정하고 여러 정책적 배려를 한 것도 큰 도움이 되었다. 이제는 기술 개발과 실용화도 속도전이다. 향후 필요한 기술의 개발과 실용화는 더욱 빠르게 진행될 것이다.

기술의 빠른 개발은 새로운 가능성을 제시하지만 동시에 사회적 문제도 일으킨다. 대학에서 공부한 내용이 사회에 나가 몇 년만 지나면 낡은 지식이 되니 졸업 후에도 지속적인 교육이 필요하다. 빠른 기술 개발은 사회도 빠르게 변화시키니 변화를 받아들일 수 있는 문화도 필요하다. 인공지능과 관련된 기술은 유독 빠르게 변화한다. 새로운 시장이 생기고 있으니 그 수요를 기업 발전의 기회로 삼으려면 재빠른 기술 개발이 필수다. 그래야 시장을 선점할 수 있다. 오래 전에는 1년이 멀다 하고 개인컴퓨터가 새롭게 선보였다. 지금은 스마트폰 기술이 그렇다. 얼마 전부터는 자율주행 자동차, 전기 자동차 기술로 세계가 경쟁을 하고 인공지능을 누가 먼저 어떤 제품에 도입하느냐가 중요 관심사다.

슈퍼마켓에 가면 계산대의 점원이 제품의 바코드를 찍어 계산을 했는데, 최근에 무인계산대가 등장하더니 이제는 무인 매장까지 생겼다. 스마트폰으로 할 수 있는 일이 계속 늘어나고 있다.

바이오 기술 분야에서도 하루가 멀다 하고 새로운 기술이 소개된다. 유전자가위 같은 새로운 기술을 누가 먼저 개발하느냐가 주요 관심사다.

유전자 기술

인간의 유전자를 분석하여 알려주는 기업이 있다. 100달러 정도면 개인의 유전 정보를 알려준다. 아직은 질병에 걸릴 유전적 가능성을 알려주는 수준이다. 지금은 결혼을 앞두거나 직장에 취직할 때 건강진단서를 발급받아 교환하거나 제출한다. 앞으로는 유전자검사서가 추가될 것이다. 나아가 개인의 성격, 학업 성취 능력 등에 관한 항목도 포함할 것이다.

세계의 유전체 분석 사업 시장규모는 2013년 20억 달러에 불과하였으나 2020년 200억 달러 수준으로 증가했고 앞으로도 꾸준히 급성장할 것으로 예측된다. 유전체 분석은 유전체 사업의 시작에 불과하며 유전체 정보의 해석과 활용 사업, 유전자치료 사업까지 더하면 그 규모는 천문학적으로 커질 것이다.

유전자 기술 활용의 하나는 유전자변형생물체GMO(Genetically Modified Organism)인데 농작물이 주 대상이다. 수확량이 많고 병충해에 강한 작물을 만드는 것이 주 목적이다. 유전자변형 작물이 보급되면 세계의 식량 문제는 해결될 것이라는 전망도 있다. 하지만 인체와 환경에의 위험성이 제기되어 보급이 제한적이었다. 최근 유전자가위 기술이 개발되면서 안전성이 비교적 좋아졌다고 판단되어 보급이 나아졌다. 시장은 미국 등이 주도하고 있다. 중국은 그 동안 GMO 대두와 옥수수에 대한 수입만 승인했는데 이제는 자국 기업이 개발한 GMO 옥수수와 대두의 재배와 사용도 승인하였다. 유전자가위 기술의 발달 덕분에 안전한 GMO 농작물과 식품의 사용이 가능할 것이다. 우리나라는 소비자 정보 제공과 보호 차원에서 GMO 작물과 식품의 표시가 주요 이슈다. 현재는 콩, 옥수수, 쌀, 벼 등이 대상인데 보다 다양화되면 우리에게도 기회가 올 것이다. 녹색분야의 세계시장은 2020년 1400억 달러 규모로 년 6% 성장하는 큰 시장이다.「Smarter food needed to end global hunger by 2030.」외국 뉴스 제목이다. 농작물의 생산량만 늘리는 것이 아니라 더 건강하고 더 영양가 있는 식품을 생산하면 식량문제를 해결할 수 있다는 내용이다.

생명체를 합성한다: 합성생물학

2021년 미국 바이든 행정부는 일자리 창출, 국가 안보를 위한 핵심돌파형 기술로 합성생물학과 인공지능 분야를 명시하였다. 합성생물학은 글로벌 민간투자가 2015년 1.2조 원에서 2020년 8.6조 원으로 7배 이상 증가하였다.

유전자 염기 서열과 기능의 관계를 알면 새로운 생명체를 만들 수 있다. 유전자 염기 서열은 이제 단시간에 큰 비용 없이 분석할 수 있다. 기능과의 관계만 알면 생명체를 합성할 수 있는데 지금도 부분적으로는 기능을 이해하고 있다. 그래서 구조가 단순한 박테리아를 대상으로 유전자를 조작하여 새로운 박테리아를 합성하는 연구가 진행 중이다. 유전자를 바꾸면 대사 경로를 바꿀 수 있고 그러면 생명체의 특성을 바꿀 수 있는 것이다. 이런 기술을 합성생물학synthetic biology이라고 하는데 머지않아 생명체의 비밀을 이해하게 되고 그러면 신화에나 나왔던 반수반인, 절반은 짐승이고 절반은 인간의 모습도 만들 수 있을지 모른다.

합성생물학 중 현재 활발히 연구되는 분야는 대사경로를 바꾸는 대사 공학metabolic engineering이다. 유전자를 조작하여 새로운 대사 경로를 만들거나 기존의 대사 경로를 없앤다. 그러면 실용적, 경제적으로 미생물이나 세포를 만들 수 있다. 이러한 기술을 활용하여 화학 소재를 만들고 단백질 치료제 등 의약품도 만든다. 한 예로, 지구 온난화를 막으려면 이산화탄소 발생을 줄여야 한다. 그러려면 석유 대신 바이오 자원에서 소재와 에너지를 얻는 바이오화학 기술이 필요하다. 이산화탄소를 유용한 소재로 전환하는 기술도 필요하다. 이러한 기술의 바탕에는 미생물을 사용하는 기술이 핵심인데 특히 미생물의 대사작용을 바꾸어주는 대사공학 기술이 그 중심에 있다.

단백질공학

「무한한 성장 잠재력 : K-바이오시밀러 글로벌 공략, 미국, 유럽을 넘어 세계로 영토를 확장하는 K-바이오시밀러」. 2021년 초 기사 내용이다. 2015년 세계 단백질 치료제 시장의 화두는 글로벌 바이오시밀러Biosimilar 생산 기업의 시설 확장과 우리나라의 셀트리온과 삼성그룹의 진출이었다. 단백질 의약품은 이제 특허가 만료되어 제조기술이 있으면 누구나 생산할 수 있는데, 복잡한 구조를 동일하게 만드는 것은 불가능해서 바이오시밀러라고 부른다. 결과적으로 가격 인하 효과가 기대된다. 우리나라는 종전까지 셀트리온이 주도하던 바이오시밀러 시장에 글로벌기업인 삼성(삼성바이오로직스, 삼성바이오에피스)이 뛰어들었다. 신약 개발 사업에도 참여한다. 바이오 시장에서도 삼성전자만큼의 시장 지배력을 목표로 움직이기 시작하였다.

단백질은 호르몬, 효소, 항체와 같은 기능 단백질과 머리카락, 손톱과 같은 구조 단백질로 나눌 수 있다. 단백질은 아미노산으로 이루어져 있고, 기능 단백질은 3차원의 구형이다. 입체 구조가 단백질의 기능을 결정하는 중요한 요소다. 구조와 기능의 관계를 이해하면 단백질의 기능을 바꾸기 위해 구조를 어떻게 바꾸어야 하는지에 대한 힌트가 나온다. 약리 작용이 더 우수한 단백질, 인체 내에서 약효가 오래가는 단백질을 만들려고 노력중이다.(단백질 공학이라고 한다.) 약효가 더 우수하면 신약으로 인정받을 수 있고, 약효가 오래가면 환자가 주사 맞거나 약을 복용하기 편해진다. 근래까지 단백질의 이해는 장님이 코끼리 만지는 식이었지만, 단백질 구조 예측과 단백질 치료제 후보 물질 선별screening에 인공지능을 사용하는 등 최근 단백질 관련 기술 개발이 활발하다. 단백질 구조와 기능의 관계를 이해하는 것은 단백질의 특성을 바꾸어 신약 개발, 효소의 개발 등에 사용할 수 있는 기반 기술로서 잠재력이 매우 크다.

2

바이오 경제는 사회를 변화시킨다

2020년에는 바이오헬스 분야가 경제를 견인하기 시작하였고, 지구 기후변화에 대한 위기가 본격적으로 정책에 반영되기 시작하였다. 2030년이 되면 지구환경과 관련되는 바이오화학이 경제를 이끌어갈 것이다. 스마트농업은 IT, 인공지능과의 융합으로 농촌의 모습을 바꾸기 시작하여 농업도 1차가 아닌 2차 산업으로 변모하고 있다. 이외에도 해양바이오 같은 중요한 분야가 많다. 정부는 2021년부터 바이오를 집중 지원하여 미래형 자동차, 시스템반도체와 같이 빅3 산업의 경쟁력 확보 원년으로 만들겠다고 한다.

바이오 분야의 기술 개발, 장수시대에 따른 바이오헬스 시장 확대, 지구온난화 방지를 위한 바이오화학 기술의 필요성, IT와의 접목으로 새로운 스마트 팜 기술 탄생 그리고 글로벌 시장의 진출로 전체 바이오경제 규모가 확대되고 있다. 새로운 기술의 개발과 시장 확대는 기업에게는 기회다.

우리는 바이오 경제를 향해 가고 있는가? 어떤 근거로 미래를 예측하는가? 세상은 어떻게 변화 발전하고, 우리는 왜 바이오 기술에 기대하는가? 바이오 경제로 먹거리와 일자리는 늘어날까? 우리 사회가 당면한 문제들에 과연 도움을 줄까?

1_세상은 20년마다 변화한다

2016년 인공지능 알파고AlphaGo와의 바둑 시합은 전 세계를 놀라게 했고, 뒤이어 소개된 인공지능 왓슨의 암 진단은 세상이 정말 변했구나 하는 생각을 갖게 했다. 2017년이 되니 4차산업혁명이 우리가 먹고 살 미래라고 한다. 하루가 다르게 세상이 변해간다. 매일매일 엄청난 양의 새로운 발견과 발명이 보도된다. 10년 뒤에는, 20년 뒤에는 어떤 세상이 될까? 세상은 항상 변화하고 있다. 변화가 서서히 일어나면 잘 느끼지 못하지만, 빠르면 변화에 대응하고 적응하는 것도 쉽지 않다. 세상은 보다 많이 그리고 빨리 변화하고 있다.

1.1 20년 법칙

19~20세기에는 세상이 크게 변화하는 데 100년 정도 걸렸다. 그래서 미래의 변화에 대응하기 위한 인재 양성 교육을 100년 대계라고 한 것 같다. 이제 교육은 20년 대계라고 해야 할 듯하다. 그만큼 세상이 빨리 변하고 있다. 세상은 정말 어떻게 변하고 있을까? 그림 2.1에서와 같이 컴퓨터, 휴대전화 그리고 인공지능은 20년 정도가 지날 때마다 기술이 연구되고 응용되고 실용화되는 단계로 넘어가는 흐름을 보여준다. 인공지능 개념이 소개된 지는 오래됐지만, 본격적으

로 연구가 시작된 것은 1990년 이후다. 공학기술 분야, 특히 자동화, 제어, 최적화 분야 등에 인공지능 개념이 도입되면서부터 이론이나 응용 연구가 많이 진행되었다. 2010년경부터는 수면 위로 올라와 세상을 놀라게 하고 있다. 2000년에 인공지능 연구가 활발해지면서 시범적으로 암 진단, 바둑 등에 응용되기 시작하여 2020년이 되니 질병진단 등 많은 분야에 인공 지능 도입이 대세가 되었다. 20년이 지나니 세상이 변한 것이다. 앞으로 또 20년이 지나면 어떻게 변화할까?

개인컴퓨터PC는 1980년대 초에 보급이 시작되어 2000년에는 대부분의 사람이 한 대씩 보유했다. 이러한 컴퓨터의 보급은 빅데이터 시대를 열었다. 휴대전화는 대략 1990년에 보급되기 시작하여 2010년에는 스마트폰으로 진화되면서 누구나 한 대씩 갖게 되었다. 이러한 보급은 스마트폰으로 가전제품과 농장 등을 연결시키는 사물인터넷 시대를 불러온다. 20년마다 패러다임이 바뀌며 세상이 크게 변화 발전한다는 생각이 든다.

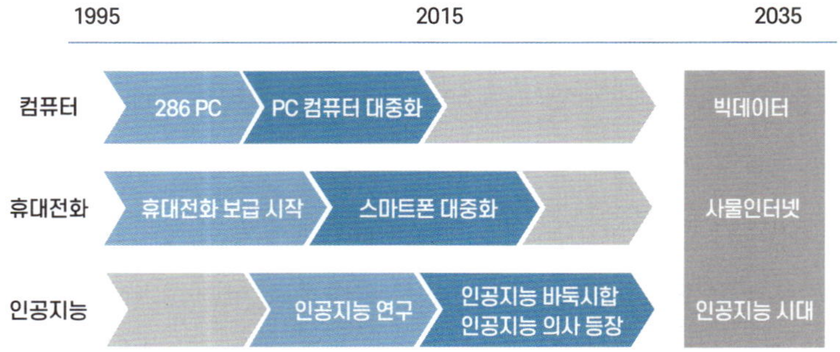

그림 2.1 세계는 20년마다 변화한다. 컴퓨터, 휴대전화, 인공지능 분야를 예를 들면 20년마다 패러다임이 바뀌고 있다. 이제, 컴퓨터는 계산 능력이 월등히 향상되어 빅 데이터 시대를 열고, 스마트 폰은 사물과 사물을 연결시키고, 인공지능은 대중화되기 시작하였다. 20년 후에는 어떠한 변화가 올까?

이와 관련된 이슈를 살펴보자. 기술은 그 자체로도 발전하지만, 사회적 수요가 있으면 실용화가 촉진된다. 따라서 현재 우리 사회가 요구하고 있는 기술이 무엇인가 생각하는 것은 미래에 그러한 기술이 개발되어 사용될 수 있다는 말이다. 과거의 경험으로 현재 연구되는 상황을 분석하면 가까운 장래에 실용화 가능한 기술의 탄생도 예측할 수 있다. 기초 연구의 혁신적인 결과는 새롭고 예상하지 못했던 응용 분야를 창출하기도 한다.

우리가 느끼는 현대의 특징 중 하나는 기술의 진보가 비할데없이 빠르다는 것이다. 그래서 2045년 이후의 기술 변화는 짐작하기 어려우니 2045년까지만 예측하겠다고도 한다. 최근에 진행되는 인공지능 관련 기술의 변화만 봐도 알 수 있다. 하루가 다르게 새로운 기술이 매스컴에 소개된다. 아직은 일부 국가에서 진행된다고 생각되지만, 예를 들어, 의료 기술의 발전은 전 세계적으로 노령화를 가속화할 것이다. 글로벌 커넥션도 더 강해질 것이다. 이제는 무엇을 하든 글로벌하게 생각해야 한다는 뜻이다. 이것은 피할 수 없는 메가트렌드mega trend[8]다. 새로운 기술은 대개 파괴적 변화disruptive change[9]를 가져온다.

아프리카 탄자니아의 농촌에서 재배된 농산물이 인터넷을 통해 전 세계에 판매되며, 인터넷으로 판매 대금이 입금된다. 물론 송금도 된다. 인터넷을 통한 사회 경제적 활동이 선진국의 대도시인에게만 아니라 세계적으로 일어나고 있다. 인터넷으로 전세계의 뉴스를

8 메가트렌드 : 현대 사회에서 일어나고 있는 거대한 시대적 조류

9 파괴적 변화 : 파괴적 혁신disruptive innovation 이라고도 하는데, 급격한 혁신이 현재의 상황을 쓸모없을 정도로 크게 변화시킨다는 뜻

실시간으로 검색할 수도 있다. 세계 어느 곳에 있든 인터넷으로 정보를 공유하고 소통하는 글로벌 세상이 되었다. 항공 기술의 발달로 몇 시간이면 세계 어디든 갈 수 있다고, 글로벌화라고 했는데, 이제는 인터넷의 발달로 어디서든 실시간으로 소통하고 교류한다. 생각과 문화를 소통하니 글로벌하게 생각하는 세상이다.

비즈니스도 글로벌하게 움직인다. 커피전문점인 스타벅스를 보자. 1970년대 미국 시애틀에 문을 연 조그만 커피숍이 이제는 우리나라를 비롯하여 전 세계에 판매장을 갖고 있다. 기호품인 커피가 이렇게 전세계 동일 매장에서 판매될 줄 누가 알았겠는가.

우리가 생각하지 못했던 분야가 글로벌하게 변할 수도 있다. 의료서비스도 글로벌하게 움직일 날이 멀지 않았다. 지금까지 병원은 특정 국가 국민의 유전적, 사회적 특성 때문에 제약이 많았으나, 그러한 문제만 해결되면 다른 나라로도 진출할 것이다. 우리나라의 병원이 서울과 부산, 중국의 베이징과 상해, 미국의 로스엔젤레스와 아랍 에미리트의 두바이 등에 의료시설을 갖는 글로벌 병원으로 발전

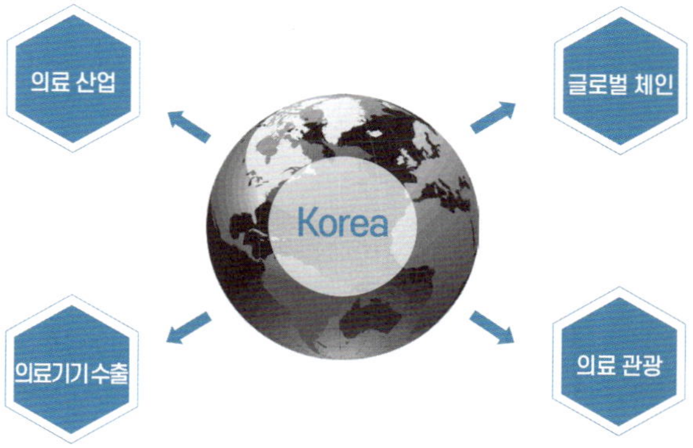

그림 2.2 바이오헬스 산업으로의 변화: 의료서비스에서 의료산업으로, 관광과 연계되고 글로벌 체인을 갖는 방향으로 변화한다.

할 것이다. 건강검진 분야는 이미 글로벌한 움직임이 시작되었다. 실제 치료를 위해 국경을 넘는 사례도 많다. 미국, 싱가포르, 태국, 인도 등의 병원으로 간다. 자국에서는 허가되지 않는 치료시술과 더 좋은 의료서비스를 받으려는 것이다. 줄기세포 치료는 각 나라의 의료정책이 달라서 더 그렇다. 의료와 관광을 겸하는 치료도 있다.

1.2 바이오 기술도 20년마다 변화한다

1953년 DNA의 이중나선구조가 밝혀지고, 1973년 유전자재조합기술, 1975년의 세포융합 기술이 소개된 후 20년이 지나 1993년 미국에서 바이오산업이라는 용어를 사용하면서 단백질의약품생산이 본격화되었다. 다시 20년이 지나 2013년이 되니 유전자가위가 개발되고 바이오시밀러가 생산되기 시작하였고 기후온난화가 주요 이슈가 되었다. 또 20년이 지나 2033년이 되면 현재 석유화학산업과 같이 대규모의 바이오시밀러 산업과 바이오화학 산업을 형성할 것이다. 줄기세포, 단백질 공학기술, 인공종자 분야에서도 20년 간격으로 큰 변화가 일어나고 있다. 이렇게 바이오기술은 20년마다 크게 변화한다. 이것은 앞으로 20년 후의 세상을 예측할 수 있게 한다. 2020년에 연구중인 것은 2040년이 되면 실용화되기 시작하고, 2020년에 실용화된 것은 20년이 지나면 산업으로 규모가 커지며, 산업초기인 것은 경제사회에 영향을 미치게 된다.

유전자재조합기술과 세포융합 기술이 발표되자 세계는 새로운

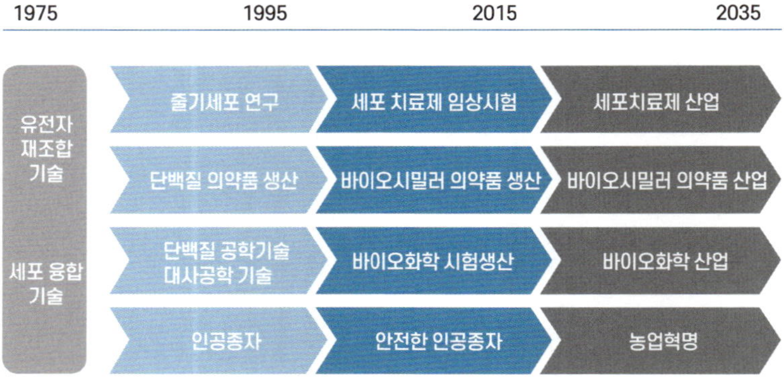

그림 2.3 최근 바이오기술의 진보와 예측

기술에 큰 기대를 가졌다. 기존 기술의 한계를 뛰어넘는 새로운 기술은 세상을 크게 바꾸어 놓을 것이라 생각했다. 유전자를 자유롭게 조작함으로써 농업, 산업, 의료 분야 등에서 새로운 세계가 열릴 것이다. 비즈니스에 관심 있는 이들은 벤처 회사를 설립하여 본격적으로 상업화를 위한 연구를 시작하였고, 대학이나 연구소에서도 관련 연구를 시작하였다. 그림 2.3에서와 같이 줄기세포, 단백질 의약품, 단백질 공학과 대사공학 그리고 인공종자 분야에서 이러한 흐름을 확인할 수 있다.

세상은 변화 발전한다. 지난 몇 천 년 동안 인류는 엄청나게 변화해 왔다. 인간이 변화를 꿈꾸며 노력해 왔기 때문이다. 인류 문명이 발달한 배경이다. 꿈은 부와 권력, 명예와 행복 등과 연결되고 꿈을 추구하는 과정에서 먹거리, 건강한 삶, 편리한 생활 등이 주어진다.

농업 혁명, 산업혁명 그리고 최근의 정보화 혁명과 인공지능 혁명을 경험하면서 우리는 과학기술문명의 혜택을 즐기는 동시에 혼란에 빠져들고 있다. 우리 인간은 어디에서 와서 어디로 가는가? 인공지능이 우리 인간을 지배하지는 않을까? 먹거리와 일자리는 증가할까? 인간의 존엄성은 지켜질까? 궁극적으로 인류 발전에 기여할까? 이러한 질문에 우리는 어떻게 답할 수 있을까?

바이오 경제로

정보화 기술과 IT기술의 발전을 바이오에 융합/접목하여 의료 분야에서도 새로운 기술이 개발되고 있다. 특히 유전체 관련 기술의 발전은 의학적으로, 경제적으로 그리고 윤리적으로 많은 가능성과 문제를 제기하고 있다. 대표적으로 바이오헬스 분야에서 유전체 기술, 의료기기의 발전 그리고 유전자가위 기술이 있다. 여기에 인공지능 기술을 비롯한 IT기술이 접목됨으로써 바이오헬스 기술은 새로운 차원으로 보다 빨리 변화 발전하고 있다.

이러한 바이오기술은 단백질을 개량하는 데도 사용된다. 지구온난화의 주범으로 알려진 이산화탄소를 이용하여 식물(바이오매스, biomass)이 성장하고, 이 바이오매스로부터 유용한 에너지와 소재를 얻는 바이오기술을 선보인다. 이산화탄소 발생이 없는 친환경기술이다.

1973년 소개된 유전자 재조합(유전공학) 기술의 첫 번째 산업화 성과는 단백질 치료제다. 제넨텍Genentech, 암젠Amgen 등 수많은 바이오 벤처가 탄생하고 대기업도 유전공학 역량을 갖추어 관련 제품을 개발하기 시작하였다. 초기에는 주로 인슐린, 인터페론, 인간성장 호르몬과 같은 단백질 의약품이 그 대상이었다. 대장균과 같은 미생물을 이용했다. 지금은 대장균, 효모 등 여러 종류의 미생물, 식물 세포, 동물 세포 등 다양한 생물체를 활용하고 있다. 이후 농업에도 유전공학 기술이 사용되면서 유전자재조합 식물GMO이 소개되고 동물의 복제도 이루어졌다.

그러나 소비자들은 유전자조작의 위험성을 강조하면서 유전자가 자연에 노출될 경우 생태계 파괴는 물론 자연에 큰 재앙이 될 수도 있다고 경고하였다. 유럽의 몇 국가에서는 이 분야의 연구에 여러 제약을 두기도 하였다. 유전자재조합 미생물이 주는 위험성은 영화로도 만들어져, 자연에서 괴물이 등장할지도 모른다는 기우를 낳기도 했다. 실제로 유전자재조합 미생물이 자연에 유출되지 않도록 여러 조처를 취하고 있어 이제는 큰 관심사에서 벗어난 느낌이다.

인공지능으로 대표되는 4차산업혁명과 바이오기술로 대표되는 5차 산업혁명이 가져올 사회 변화는, 공통점도 있지만, 다소 다르다.(그림 2.4) 바이오산업을 정보/지능 산업의 연장선상에서 생각하기에는 근본적인 개념과 접근이 다르다. 인공지능혁명은 IT나 ICT (Information & Communication Technology)가 주도한다. 인간의 편의성을 강조한다. 좋은 아이디어로 쉽게 창업이 가능하다. 반면에 바이오혁

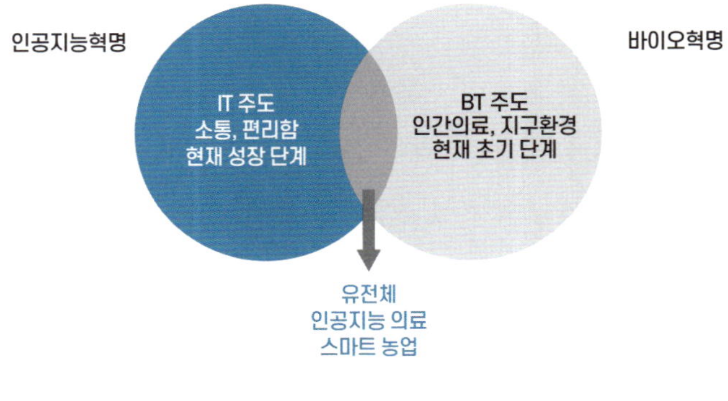

그림 2.4 인공지능혁명과 바이오혁명 비교 - 공통분야가 유전체, 인공지능의료 그리고 스마트농업 분야다. 인공지능 산업은 인간의 편의를, 바이오 산업은 인간의 생존 문제를 다룬다.

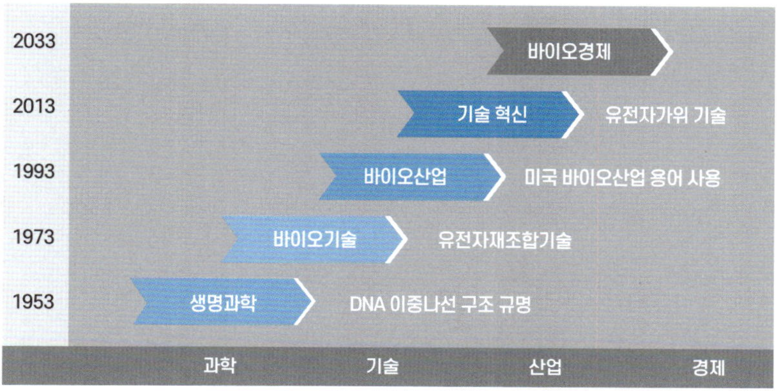

그림 2.5 바이오기술은 바이오산업을 발전시키고, 바이오산업의 발전은 바이오경제로 그리고 궁극적으로 다음 단계인 바이오사회로 변화시킨다.

명은 BT(BioTechnology)가 주도한다. 인간의 건강과 깨끗한 지구환경을 생각한다. 물론 애매모호하거나 양쪽 모두 해당하는 부분도 있다. 그러나 바이오기술을 제대로 이해하고 발전시키려면 정보화/지능화의 연장선상이 아닌 새로운 사고가 필요하다.

이제 바이오기술은 모든 분야에 깊숙이 자리잡고 있다. 그림 2.5와 같이 바이오기술은 바이오산업을 낳고 이것은 바이오경제로 연결되고 궁극적으로 바이오사회로 연결될 것이다. 마치 컴퓨터와 스마트폰으로 대표되는 정보화기술이 우리 사회를 변화시키고 있는 것처럼 다음 단계는 바이오기술이 우리 사회를 변화시킬 것이다.

2.바이오경제 사회의 모습

바이오 경제 사회가 되면 사회 문제는 어떻게 해결될까? 일자리와 먹거리는 얼마나 증가할까? 인공지능 의사를 공급하는 기업의 등장, 인간 유전자를 검사하고 이를 활용하거나 치료하는 기업의 등장, 인체 부착형 건강 진단 장치를 생산하는 기업, 개인 맞춤형 의료 서비스, 바이오 화학 소재 생산 기업, 스마트 도시 농장을 운영하는 기업 등이 발전할 것이다. 연구 개발 종사자, 실용화 벤처, 기업이 만들어내는 미래는 우리의 건강, 식량, 소재, 환경에 대한 개념을 바꿀 것이다.

바이오 경제는 우리에게 새로운 먹거리와 일자리를 제공한다. 우리의 일상에도 많은 변화가 올 것이다. 변화를 예측하는 근거는 무엇인가? 바이오산업은 바이오경제 사회를 만드는데 기여한다. 이것이 전부일까?

경제는 사회를 움직이는 인센티브다. 우리가 개발한 바이오기술이 테러 목적으로 사용된다든가, 식량은 증산되지만 인체와 환경에 심각한 부작용을 일으킨다거나, 바이오 기술 개발이 환경을 파괴하는 결과를 낳는다면 기술 발전이 무슨 의미가 있을까?

인류가 당면한 과제는 질병과 배고픔으로부터 해방, 지구 환경 보전을 위한 깨끗한 소재와 에너지일 것이다. 바이오기술은 이러한 인류의 과제에 해답을 준다. 기술의 변화 발전은 새로운 기업과 비즈

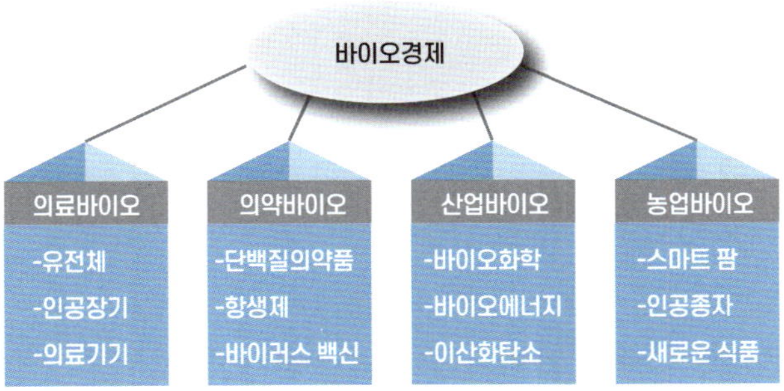

그림 2.6 바이오경제를 향한 변화

니스의 탄생으로 연결되고 일자리를 제공한다.

세상은 끊임없이 변화 발전하지만 여전히 해결해야 할 이슈는 많다. 그러나 제일 기본적인 인간 존중 가치관, 행복 추구라는 공동선을 향하여 전진하고 있다. 치매, 암환자는 여전히 많다. 그래도 희망을 갖는다. 오래 전에는 홍역, 기생충, 결핵으로 고생했지만 이제는 거의 없어졌으니 암, 치매도 곧 이겨낼 수 있다고 생각한다.

바이오는 궁극적으로 인류의 문제를 해결하는 데 기여해야 한다. 우리 사회에는 여전히 심각한 문제가 많다. 오늘날 글로벌한 문제는 무엇인가? 전쟁과 테러, 기아와 경제 불균형, 질병, 식량, 지구 환경 문제 등이 시급하다. 의료기술의 발달로 인간의 수명은 계속 길어지고 있다. 인구 노령화는 지구촌 문제를 더 심각하게 만든다. 과학기술과 산업의 발달은 인간의 존엄성보다는 경제적인 영향을 먼저 생각하도록 유혹한다. 이런 이슈들은 물질이나 기술만으로 해결되지 않는다. 밑바탕에는 인류를 사랑하는 마음, 생명을 귀하게 여기는 마음이 있어야 한다. 과연 바이오산업이 이러한 이슈를 해결하는 데 기여할 수 있는가? 여기서는 전쟁과 테러 외에 먹거리와 일자리, 질병, 지구환경, 빈부격차 이슈에 대하여 살펴보자.

2.1 먹거리와 일자리를 만든다

오랜 역사와 전통을 자랑하는 제약회사인 종근당, 유한양행, 녹십자의 매출은 약 1조 원, 종업원 수는 1800~2300명 수준이다. 바이오 신생기업인 셀트리온의 2020년 매출은 1조 8491억 원, 종업원 약 2200명, 삼성바이오로직스는 매출 약 1.2조 원 종업원 약 2900명, 씨젠은 매출 약 1.1조 원 종업원 약 500명으로 새로운 먹거리와 일자리를 창출하고 있다. 이러한 기업들이 계속 생기고 발전하고 있다.

먹거리

바이오산업은 신 산업이며, 연 7~10% 이상의 성장이 기대된다. 2030년에는 2020년 산업 규모의 2배가 될 것으로 예상된다. 그러니 이 분야의 연구개발과 투자로 새로운 비즈니스 기회를 선점하는 것이 중요하다.

바이오산업은 어디까지 성장할 것인가? 우리에게 먹거리와 일자리를 제공할 것인가? 우리나라의 6대 수출 품목인 자동차, 반도체, 석유화학, 가전제품, 조선, 스마트폰의 수출 규모는 대략 3~4000억 달러다. 자원이 없고 식량이 부족한 나라가 수출을 통해 외화를 벌어 식량과 에너지를 구입하는 것이다. 그런데 최근 세계적인 경기둔화, 중국의 급성장 그리고 우리의 경쟁력 약화로 수출에 적신호가 켜졌다. 앞으로 어떤 분야에서 어느 정도의 감소가 일어날지 예측은 어렵지만 전체적으로, 1000억 달러의 수출 감소를 각오해야 할지 모른다. 그러면 현상유지 차원에서 1000억 달러를 수출할 정도의 신산업이 생겨야 한다. 인공지능, 사물인터넷, 빅데이터 분야에서 우리는 경쟁력이 있을까? 외화를 벌 수 있을까? 우리나라는 정보 보호, 전통적인 금융시스템, 각종 규제로 인공지능으로 대표되는 4차 산업혁명 분야의 발전이 더디다고 한다. 그러면 바이오산업혁명이나 5차 산업혁명에서는 뒤지지 말아야겠다.

먹거리 규모를 예측하는 것은 쉽지 않다. 다양한 방법이 사용된다. Micro한 접근, Macro한 접근 방법 등이 있으나 어느 것도 쉽지 않다. 그 중에서 과거의 경험과 데이터로부터 직관적으로 예측하는 방법이 있다. 기업의 최고 CEO가 사업의 방향을 정하는 경우 사용하는 방법이라고 한다. 과거의 경험을 바탕으로 직관적인 기대치를 생각해 보자.

인공지능의 시장 규모는 대략 1조 달러이며 그 중 상당수가 의료와 연관 있다. 인공지능의료 분야에서 세계 시장의 5% 이상 점유를 목표로 한다면, 우리나라의 인공지능의료 산업의 규모를 500억 달러 규모로 꿈꾸자. 어떤 산업 분야에서는 세계 시장의 20~30% 정도로 상당한 부분을 차지한 적도 있으니 그 이상을 기대할 수도 있을 것이다. 의약도 세계 시장 규모가 1조 달러 이상이므로 세계적인 제약 기업이 탄생하고 5%의 시장 점유율을 가정하면 그 규모는 500억 달러에 달한다. 바이오화학에서도 우리나라는 석유 화학 강국이므로 500억 달러의 시장을 목표로 할 수 있다. 농업 분야에서 네덜란드의 농산물 수출은 900~1000억 달러 수준이다. 우리는 네덜란드를 벤치마킹하고 있으므로 향후 500억 달러의 추가 시장을 확보할 꿈을 꿔 보자. 그러면 전체적으로 2000억 달러의 경제 효과를 생각할 수 있다. 이러한 수치는 우리가 올인하여 노력한다면 안 될 이유도 없다. 단순한 상상이 아니라 과거의 경험을 바탕으로 한 직관이다. 최근 들어 가능성이 현실로 다가오고 있다.

일자리

4차산업혁명은 일자리에 많은 변화를 주고 있다. 단순하고 반복적인 업무는 줄어든다. 예를 들면 사무/행정, 제조/생산, 건설/채굴, 디자인/스포츠/미디어, 법률, 시설/정비 등이다. 일자리를 줄이는 것이 오히려 비경제적인 경우는 예외다. 늘어나는 일자리는 창의적이고 문제 해결 능력이 요구되는 업무들, 예를 들면 사업/재정운영, 경영, 컴퓨터/수학, 건축/엔지니어링, 영업, 교육/훈련 등이다.

창의적인 일자리가 늘어난다고 생각하지만, 인공지능이 더 발전하면, 그것도 일부는 인공지능에게 내주어야 할지 모른다. 최근에는 인공지능이 그린 그림, 작곡한 음악이 소개되고 있다. 인공지능이 어디까지 할 수 있을까 궁금하다.

새로운 먹거리는 크게 생겨나지 않고 경제는 침체되어 나라마다 실업율 특히 청년 실업율이 높다고 아우성이다. 게다가 고령화, 의료기술의 발전으로 인구는 늘어나고 있으니 실업은 더 늘어날 수밖에 없는 듯하다. 새로운 산업이 일자리를 얼마나 창출할 수 있는가는 모든 이들의 관심사다. 인공지능의 발전으로 단순 업무를 담당하는 일자리는 상당수 없어질 것이다. 향후 15년 내 미국에서는 로봇의 직업자동화 비율이 38%에 달할 것으로 예상된다. 독일은 35%, 영국은 30%로서 상당히 많은 일자리가 로봇으로 대체된다.

경제적, 법률적 규제가 로봇이 직업을 대체하는 것을 억제하는 부분도 있고, 어떤 곳에서는 인력 감축 없는 산업혁명을 추구하기도 하니 참고할 만하다. 과거와 동일한 업무를 수행하는 것은 아니다. 교육을 통하여 변화를 수용하고, 업무의 변화는 일어나지만 인력 감축은 없도록 하는 것이 중요하다. 자동화, 기계화 추세로 향후 5년간 약 700만 개의 일자리가 줄어들고 약 200만 개가 새로 생겨나 전체적으로 약 500만 개의 일자리가 줄어든다니 걱정이다. 이제는 단순 노동직이 아니라 사무직이 줄어들 것으로 예상된다. 수퍼마켓의 계산대 직원, 심지어 약사도 상당 수 줄어 들 것이라고 한다. 벌써 계산대 직원이 없는 수퍼마켓과 편의점이 등장했으니, 확산은 시간 문제다. 일자리를 늘릴 방법이 있을까? 전 세계가 고민하는 이슈다.

의료, 바이오화학, 인공종자 관련 산업 일자리가 줄어든다고 생각하는 이는 별로 없다. 물론 단순한 업무를 하는 의료분야 종사자, 첨단 농장의 확대로 단순 업무 종사자 등 일부 일자리는 줄어들겠지만 새로운 일자리는 더 증가할 것이다.

전체적으로 그리고 장기적으로 바이오분야의 매출을 2000억 달러 규모로 기대할 수 있는데, 이것은 약 200조 원 경제 규모다. 고용효과는 산업 분야별로 차이가 있지만, 바이오 분야는 연구개발 벤처기업, 중소기업, 대기업 등의 다양한 규모를 고려하여, 매출액을 1인당 2억 원으로 예상하면(2018 국내 바이오기업 생산규모와 인력으로부터 추정) 200조 원의 경제 규모는 100만 명의 일자리를 제공한다. 바이오산업을 잘 발전시키면 그 이상에게 일자리를 제공할 수 있을 것이다.

글로벌 일자리를 생각하자. 지구온난화는 전 지구적 이슈다. 지구

표 2.1 바이오산업으로 늘어나는 일자리 (예시)

유전체 분석, 유전자치료/성형, 유전체 사회학 (교육, 인사, 상담 등)
인공장기, 바이오센서 개발 생산 기업
원격 의료 전문가
신약 개발과 의약품 생산 기업
바이오화학 개발, 생산 기업
바이오에너지 개발, 생산 기업
이산화탄소 배출권 기업
스마트 팜, 스마트 농장 전문가
인공종자, 신기능성 식품 개발 기업
관련한 투자, 기술 평가, 금융 기업
기타

온난화를 감소시켜야 한다. 선진국의 화석연료 사용을 줄이는 등의 방법도 중요하지만, 개도국의 농업과 바이오화학 산업을 발전시키는 것이 지구온난화 방지에 기여하는 것이다. 우리나라만 생각하지 말고 개발도상국 등과 협력해서 이 분야 산업을 같이 발전시킨다면 우리나라 청년이나 경험자의 해외 진출이 증가할 것이다. 단순히 개도국 원조 수준으로 생각할 것이 아니라, 개도국과 함께 성장 발전하는 모델을 생각하고 여기에 우리나라 젊은이와 경력자가 참여한다면 이것도 우리에게 일자리와 먹거리로 다가올 것이다.

우리가 당면한 문제는 급속한 세상의 변화, 글로벌화, 지구 온난화, 일자리와 가난의 문제, 흔들리는 인간의 존엄성 등이다. 우리의 이슈는 이러한 문제를 어떻게 해결하느냐다. 물론 간단한 문제가 아니다. 정치적인 이슈도 중요하고 장기적으로 교육을 통한 의식의 변화도 중요하다. 기술도 이러한 문제 해결에 도움을 줄 수 있다. 어느 하나만으로 글로벌하고 복잡한 문제가 해결되지는 않는다. 예를 들면 식량증산 기술도 중요하지만, 식량을 적절히 분배하는 사회적이고 정치적인 이슈도 함께 중요하다. 이러한 문제를 해결하는 데 도움이 되는 기술은 무엇일까? 기술이 만능은 아니다. 그러나 기술이 문제 해결의 중요한 실마리를 제공한다. 특히 바이오기술은 어떠한가? 앞으로 20년 사이에 인류가 해결해야 할 시급하고 중요한 과제와 바이오산업혁명과의 관계를 생각해 보자. 이러한 기술의 개발과 실현은 우리 시대의 문제를 해결하는 데 기여한다. 동시에 새로운 산업을 탄생시키고 경제 발전의 원동력이 된다.

세계 유수 기업의 발전과 쇠퇴 현상을 보면 시대의 흐름을 읽고 대응한 기업은 발전하였고, 시대의 변화를 인지하지 못하고 적응 못하면 경쟁에서 밀려난다. 지금 이 순간에도 글로벌기업은 세계의 문제가 무엇인가, 미래는 어떤 사회가 될 것인가를 열심히 생각하고 그것을 기업의 미래와 연결시키려고 노력하고 있다. 스타트업 벤처도 마찬가지다. 오늘의 문제를 해결하기 위한 새로운 기술과 전략을 개발하고 그것을 토대로 기업의 발전을 꾀한다. 기존의 시장에 숟가락 하나 더 놓는 것으로는 전망이 없다.

2.2 질병의 위험에서 벗어난다

아침에 침대에서 일어난다. 과거에는 잠을 이루기 어려워 한참을

침대에서 뒤척이다가 잠이 들곤 했고, 가끔은 수면제를 복용하기도 했다. 이제는 조용히 뇌파를 조정하는 음악을 들으면 금방 잠이 든다. 잠을 잘 잘 수 있게 되었다. 지난 밤에 잠을 잘 잤구나 하는 생각을 넘어 지난 밤 나와 내 가족의 건강 모니터링 결과가 화면에 보인다. 혈압, 맥박수, 혈당, 산소 흡입량, 꿈꾼 횟수와 시간, 코 고는 정도, 몸의 뒤척임 등, 평소와 다른 이상이 감지되면 알람만 울리는 것이 아니라 비상 조처도 취할 수 있는 시대가 된다. 예를 들어 부정맥 환자는 심장의 박동이 불규칙해질 수 있고 심하면 사망한다. 심장 박동은 2016년부터 패치 형태의 플렉서블flexible 센서가 개발되어 몸에 부착함으로써 손쉽게 모니터링되고 이상이 생기면 알람이 울린다. 게다가 전기적인 자극으로 심장을 정상으로 움직이게 한다.

세상에는 질병으로 고통 받는 이가 많다. 아직 의료 기술이 완전하지 않아 여전히 암, 성인병 등으로 고생하고 심하면 죽음에 이른다. 최근에는 치매에 걸려 노년에 고생하는 이들이 많다. 2020년에는 코로나19 사태로 전세계의 수많은 사람이 고통 받고 죽었다. 바이러스는 닭, 돼지 등 가축에게도 전염되어 수많은 가축이 매몰되고 있다. 14세기 유럽에서는 흑사병으로 유럽 인구의 절반이 사망했고 1918년 발생한 스페인 독감은 전세계에서 2500~5000만 명의 목숨을 앗아 갔다. 과거의 일로만 여겼는데 2020년에 또 발생했다. 과학기술의 시대라는 21세기에 말이다.

우리는 건강하게 오래 살고 싶다. 중국의 진시왕은 신하들을 전세계로 보내 불로초를 찾았다. 그때보다 수많은 치료약이 개발되고 과학 기술의 발달로 수명은 계속 길어진다. 특히 일본과 우리나라는 세계 최고의 장수 국가가 되었다. 그러나 장수에 만족하지 않고, 더 오래 사는, 어쩌면 죽지 않는 삶을 추구한다.

하지만 질병이 인류를 위협하고 있다. 질병으로 고생하는 이들을 유형별로 나누어보면 다음과 같다.

질병을 알지만 치료에 한계가 있는 경우

- 암, 심장질환, 당뇨 등 질병의 치료
- 치매, 뇌질환 예방과 치료
- 바이러스 질병 예방과 치료
- 손상된 장기의 대체
- 유전병의 진단과 치료

의료 혜택이 없거나 낙후되어 제대로 된 의료 혜택을 못 받아 고생하는 경우

- 오지에 있는 이들을 위한 의료 혜택
- 가난하여 치료비가 없어 질병으로 고생하는 경우

코로나19는 이제 백신과 치료제가 나왔지만, 초기에는 백신 없이 마스크나 거리 두기 이외에는 예방 방법이 없었다. 일단 확진되면 치료 방법도 확립되지 않아 많은 이가 목숨을 잃었다. 대자연 앞에 인간의 무력함과 한계를 경험한 시기였다. 그러나 세계적인 연구소, 제약회사와 바이오 벤처가 힘을 기울여 연구하여 백신과 치료제가 개발되었다. 과학기술의 힘이다. 동시에, 문제가 생긴 후에야 대비책을 강구할 정도로 우리의 과학 지식은 한계가 있다. 질병을 예방하고 치료하는 기술 개발은 물론이고, 의료 혜택이 골고루 돌아가게

하는 시스템을 구축하고 향후 생길 수 있는 질병을 예측하여 대책을 강구해야 한다.

질병의 해결

향후 바이오기술의 발전은 인간을 질병에서 더욱 자유롭게 할 것이다. 여전히 암, 성인병 등으로 고생하는 환자는 있겠지만, 예방 의학과 다양한 치료 기술의 발전, 유전자치료와 인공장기, 세포치료제의 도입 등으로 환자는 지금보다 감소할 것이다. 아직 췌장암, 폐암의 경우 조기 진단이 어렵지만, 대부분의 암은 걸려도 생존 확률이 높아졌다. 질병에서 완전히 벗어날 수는 없으나 지금보다는 훨씬 개선될 것이다. 생물학적 수명을 거의 채울 수 있을 것이다.

수많은 과학자가 질병의 예방과 치료 방법을 연구하고, 병원은 환자를 치료하고, 기업은 이 분야에서 사업을 한다. 그래서 질병의 예방과 치료는 더 용이해진다. 고령화 사회, 장수 시대에 의료헬스 분야 시장은 커지고 사업의 수익성이 높으니 기업의 투자도 활발하다. 특히 우수한 인재가 이 분야에 진출하고 있어 새로운 의료 기술의 개발이 가속화되고 있다. 코로나19 사태를 경험하면서 바이오헬스에 대한 관심은 개인을 넘어 국가의 발전과 직결되는 이슈가 되었다. 이것은 기업에게 기회다. 기업은 건강과 질병의 예방과 치료에 더 많이 투자하기 시작하였고 이에 따라 바이오헬스 산업의 규모는 더욱 커져서 이제는 성장 동력이 되었다.

죽지 않고 살 수 있다면 좋겠다고 꿈꾼다. 지금의 기술로 인간을 냉동 보관하고 미래에 해동시켜 질병을 치료하고, 필요하면 장기도 새 것으로 바꾸어 오래 살 수 있기를 기대한다. 이러한 목표로 냉동 보관 사업이 진행 중이다. 사이버 인간을 향한 기술 개발도 인간의 장수가 목표다. 두뇌만 살아 있으면 몸은 기계로 연결시키면 된다고 생각한다. 어쩌면 기억도 재생시키거나 복사하는 기술이 개발되면 그렇게 장수를 추구할지도 모른다. 이러한 기술은 이미 연구가 시작되었으니 20~40년이 지나면 가능성이 현실로 다가올 것이다.

그러나 가난한 이들과, 치료에 경제성이 없는 희귀병을 앓는 환자에 대한 배려는 어떠한가? 기업은 치료기술 개발이 돈이 되지 않으면 치료제 개발을 하지 않는다. 희귀병 등은 수익성이 없더라도 치료약과 방법을 개발하여야 한다. 이것이 국가, 유엔 등의 역할이다.

의료시스템은 앞으로도 상당히 발전할 것이다. 그렇다고 모든 질병에서 자유로울 수는 없을 것이다. 인간에게 허용된 건강한 삶으로 인류 발전에 이바지하는 것이 우리의 과제다.

2.3 지구환경을 개선한다

지구는 기후 변화로 몸살을 앓고 있다. 어느 곳이나 이상 기후로 고통받고 있다. 전에 없던 강한 태풍과 이례적인 추위와 더위에 시달린다. 빙하가 녹으니 육지가 바다에 잠겨 땅이 줄어든다. 한때는 지구온난화의 원인이 이산화탄소가 아닐 수도 있다며 의견이 분분하였으나 이제는 이산화탄소가 주된 원인이라는 데 동의한다. 지금도 이산화탄소 농도는 계속 상승하여 지구온난화를 가속시키고 인류의 생존을 위협하고 있다. 어느 누구의 잘못인지를 따지기보다는 지구온난화를 멈추고 안전한 수준으로 되돌려야 한다.

이산화탄소 발생의 주된 원인은 자동차 연소가스와 발전소 등 공장에서 나오는 연소가스다. 식물이 탄소동화작용으로 일부 이산화탄소를 흡수하지만 배출량이 더 많아 이산화탄소 농도는 더 높아지고 있다. 원자력 발전과 대체에너지 개발로 이산화탄소 배출을 줄이려고 노력하지만 한계가 있다. 원자력 발전에 대한 우려는 여전히 존재하고, 대체에너지는 대부분 경제성이 많이 떨어져 장기간에 걸쳐 연구개발이 더 이루어져야 한다. 이대로면 2100년 이전에 해수면이 65cm 더 높아진다고 하니 해안가의 주요 도시는 다 바다에 잠길 듯하다.

지금 이 순간에도 브라질에서는 아마존 열대우림을 밀어서 길을 내고 사탕수수 밭을 만들고, 말레이시아에서는 열대우림을 태우고 야자palm 나무를 심고 있다. 옛날에는 개발이라는 명분으로 자연 생태계를 거침없이 파괴하였다. 결국 지구온난화 문제에 직면하였다. 열대우림은 이산화탄소를 흡수하고 산소를 방출한다. 지구온난화 방지에 매우 중요한 역할을 한다. 지구적으로는 열대우림을 보전해야겠지만, 특정 국가의 개발을 제한하는 것도 타당한 방법은 아닐 것이다. 어떻게 해야 개발 의욕을 꺾지 않으면서 지구의 허파를 지켜낼 것인가, 여기에 고민이 있다.

이산화탄소 등 온실가스에 의한 지구온난화는 심각한 수준이다. 에너지 절약, 바이오에너지 생산, 장기적으로 핵융합, 인공광합성 등 새로운 에너지 생산 기술 개발, 석유에 의존하지 않는 지속가능한 화학소재 생산, 온실가스의 포집과 활용, 나무 심기로 지구온난화를 막으려고 노력중이다.

지구 온난화는 막을 수 있을까? 그래서 예전으로 돌아갈 수 있을까? 개인은 에너지와 자원을 아끼고, 정부는 탄소중립을 목표로 하고, 국제 사회가 온실가스 감축을 요구하지만 현실적으로 빙하가 녹아 육지가 잠기고 기후 변화로 피해 입는 현상을 막을 수 있을까?

지구환경을 살릴 수 있다

1980년경 프레온으로 인한 오존층 파괴가 이슈였을 때, 기업은 대체 기술을 개발하고 국제 사회는 프레온 사용을 금지시키는 데 합의하였다. 그 결과로 지금은 오존층이 회복되고 있다. 임팩트 있는 지구 온난화 방지 신기술의 개발과 그것을 뒷받침하는 새로운 글로벌 경제사회 질서가 지구 환경을 구할 수 있다.

지구 환경을 구할만한 임팩트 있는 기술은 무엇일까? 새로운 에너지 기술, 석유 대체 소재 생산 기술, 온실가스 포집, 저장, 전환 기술이 대표적이다. 이 중에서 바이오 관련 새로운 에너지 기술로 인공광합성기술, 석유를 대체할 수 있는 바이오화학 기술, 이산화탄소로부터 유용한 소재를 만드는 바이오 기술 등이 있다. 지금 연구 성과가 나오고 있으니 차차 실용화될 것이다.

예를 들면, 지구온난화 극복 방안으로 석유를 대체할 수 있는 바이오매스 자원에 관심이 높다. 원유는 매장 위치가 알려져 있어, 소위 산유국이 주도권을 장악하고 원유가격을 조정하지만 바이오매스 자원은 다르다. 기후가 좋고 국토가 넓으면 유리하다. 미국, 중국, 러시아, 인도네시아 등 동남아시아, 캐나다, 아프리카가 그렇다. 미국에서는 억새풀, 수수풀 등을 재배하여 활용하는 것이 경제적이라고 한다. 다른 나라는 연구 결과가 많지 않다. 지금도 EU 국가에서는 사탕수수, 야자유를 얻으려고 인도네시아, 말레이시아, 필리핀, 브라질 등과 협력하고 있다. 지금까지는 사탕수수와 야자유 정도에 국한됐지만, 바이오화학이 본격화되면 세계 어느 곳이든 경제적으로 바이오매스 자원을 대량 제공할 수 있는 곳으로 가야 한다. 바이오매스 자원은 부피가 크므로 그대로 수입하는 것은 비효율적이다. 해당 국가에서 1차 가공을 해야 한다. 바이오매스로부터 녹말을 얻거나, 셀룰로오스 자원이면 포도당으로 변환해야 한다. 인도네시아, 아프리카 국가들도 이것이 경제적이라는 것을 모를 리 없다. 바이오화학의 발전은 바이오매스 자원 보유국에 과거의 산유국에 버금가는 기회를 제공할 것이다.

이산화탄소 배출을 줄여야 한다. 산업화는 특히 개발도상국에서 더 빨리 진행되는데, 과연 가능할까? 모든 국가가 이슈의 중요성을 깨닫고 협력부터 해야 한다. 그래서 진작에 교토 협약과 2016년 파리 협약을 맺으면서 많은 나라가 동참하였으나 문제가 근본적으로 해결될 것인지는 여전히 의문이다. 그러나 최근 의무가 아닌 경제성에 기반한 접근 방법이 시도되고 있다. 이산화탄소 배출권을 사고파는 거다. 이산화탄소를 감축하거나 저장하는 기술을 개발하면 돈이 된다. 이산화탄소가 감축되는 제품에 대한 소비 장려 등 인센티브 시스템으로 이산화탄소 배출을 줄여야 한다. 여기에 기회가 있고, 기대를 건다. 시작은 바이오화학이다.

지구 환경을 생각하면 지구촌이라는 인식이 필요하다. 개발도상국들은 지구온난화의 주범인 선진국에게, 왜 이제 와서 우리는 개발도 못하게 하냐고 항의하는데, 이것은 아직 지구촌 개념이 자리잡지 못해서다. 그러나 지구온난화를 생각하면 선진국이 마음을 비워야 한다. 지금은 나라별로 세금 체계가 다르지만, 지구촌이라고 생각하면 글로벌 세금 시스템을 도입해서 지구촌 차원의 부의 재분배와 복지를 고려해야 한다. UN은 소액의 분담금을 모아 어려운 나라를 도와주는 현재의 방식에서 벗어나, 적극적으로 세계를 변화시켜야 할 책임이 있다.

또 다른 문제는 플라스틱 쓰레기다. 해양에 방치되어 고래와 거북이 등 해양생물에 피해를 주고 있다. 플라스틱 사용을 줄이고 재사용하는 기술이 중요하다. 그리고 회수하기 어렵다면 생분해되는 플라스틱이 필요하다. 해양뿐 아니라 농촌에서 사용하고 버린 폐비닐도 수거에 한계가 있다면 생분해성 비닐을 사용해야 한다. 생분해성 플라스틱은 대부분 바이오 기술로 만든다. 2020년에 몇 기업에서 실용화하고 있지만 이제 시작이고 보급에 시간이 걸릴 것이다. 이것으로 충분한지 여전히 의문은 있지만 효율적인 기술 개발과 모든 나라의 동참이 관건이다.

2.4 식량문제를 해결한다

지금도 지구 한 편에서는 기아로 죽어간다. 식량 생산량이 모자라서가 아니라 정치적, 사회적 이유로 식량이 모자라는 지역이 있다. 앞으로 세계 인구는 현재 65억 명에서 90억 명이 될 것이라고 한다. 그렇게 되면 식량을 지금보다 50% 더 생산하여야 한다. 지금도 경작할 수 있는 땅이 더 있다고 하지만, 그것만으로 90억 명의 인구를 먹여 살릴 수 있을지는 의문이다. 소득 수준이 올라가면서 육류 소비량도 같이 증가하는데 사료까지 염두에 두면 그렇다. 특히, 인구 15

억 명의 중국이 경제 발전에 따라 육류 소비가 급격하게 증가하고 있다. 그렇게 생각하면 지금보다 식량을 대략 2배는 생산하여야 한다. 쉬운 일이 아니다.

식량 문제와 관련되는 최근의 이슈는 다음과 같다.

- 인구증가, 고령화, 육류 소비 증가에 따른 식량문제 해결을 위한 획기적 기술 필요
- 농약이나 비료가 아닌 지구 환경을 생각하면서 생산을 증대시킬 친환경 농업 기술 필요
- 식량의 배분과 거래 체계의 개선 필요. 개발도상국, 가난한 이들 배려

식량문제 해결

늘어나는 인구를 감당할 식량의 증산은 바이오기술에 있다. 결국 농업기술의 발전에 기댈 수밖에 없다. 수확량을 높인 인공종자의 개발 등이다. 현재는 GMO에 대한 불안이 존재한다. 최근 유전자 가위 기술로 안전성이 확보되어 유전 공학 기술을 이용한 종자 개량이 보편화되기 시작하였다. GMO에 대한 유전자 가위 기술이 발전하면 GMO에 대한 불안은 사라질 것이다. 그러나 여전히 정치 사회적인 이슈로 배고픈 이가 존재할 터인데 이것은 기술로 해결할 문제가 아닌 것 같다. 식량을 증산할 수 있는 바이오기술 개발은 문제 해결의 시작이다. 공정한 배분은 정부와 유엔 등이 해야 할 것이다.

여기에 정보화와 인공지능이 결합된 새로운 스마트 농업의 보급, 단순히 배를 채우는 것이 아닌 맛과 기능을 결합시킨 식품의 개발

은 바이오기술로 가능하며, 이것은 관련 산업으로 연결된다. 육체적으로 힘든 농사, 배만 부르면 된다는 식품의 개념은 미래지향적으로 바뀐다.

글로벌하게 식량을 증산하는 것도 필요하지만, 개발도상국에서는 당장 먹을 식량이 부족하고, 첨단 기술을 사용하기에는 사회 인프라가 열악하다. 스마트 팜이 아니라도, 농업에 드론을 활용하지 못하더라도 식량을 증산할 수 있는 기술이 필요하다. 닭과 돼지를 친환경적으로, 비싼 사료가 아니어도 키울 수 있는 기술이 필요하다. 소위 적정기술이다. 오래 전에 열악한 인프라를 가진 개발도상국의 여건에 맞는 기술을 개발하고 보급하겠다는 취지로 대학과 연구소를 설립하였지만, 그곳의 교수와 연구원은 첨단 기술 연구에 관심이 더 많아 그리 성공적이지 못했다. 인간을 사랑하는 마음과 의지가 있는 이들이 적정기술의 개발과 보급에 앞장서야 실효가 있다.

기후 변화로 동남아시아, 아프리카에는 물이 더 귀해지는 지역이 늘어날 것이다. 물을 저장해야 하는데 기술이 부족하다. 댐을 만드는 데는 엄청난 예산이 필요하고 건설 기간도 10년 이상이다. 지역별로 소규모로 물을 저장할 수 있는 신기술이 필요하다.

안전성 걱정 없이 식량을 증산할 수 있는 바이오 기술의 연구개발이 시급하다. 동시에 개발도상국의 여건을 고려한 글로벌 경제사회 체제로의 전환이 수반되어야 한다.

2.5 빈부격차를 줄인다

빈부 차이가 지금도 사회 문제인데, 앞으로 그 차이가 더 벌어질 것이라고 한다. 또 빈국과 부국의 차이도 더 커진다는 보고가 있다. 특히 4차산업혁명은 이 차이를 더 벌릴 것이라고 한다. 시장 경제에만 맡기는 시대는 갔다. 같이 잘 살 수 있는 세상을 만들어야 한다. 그것도 글로벌하게.

지구촌의 문제를 제일 많이 생각하는 기관이 UN이다. UN에서는 지구촌의 평화를 위하여, 교육과 가난 문제 등을 해결하려고 오랫동안 노력해 왔다. UN 관련기관에서는 가난의 문제가 수치상으로 다소 개선되었다고 하지만 여전히 해결되지는 못하고 있다. 특히 개발도상국에서는 다음과 같은 시급한 과제가 아직도 많다.

- 깨끗한 물
- 식량/음식
- 음식을 조리하고, 보온하고, 불을 밝힐 에너지
- 위생적인 화장실
- 깨끗한 주거 시설
- 의료 혜택
- 이러한 것들을 해결할 교육과 사회 인프라

가난한 나라의 오지에는 필요한 백신 접종이 잘 되지 않는다. 백신을 콜드체인cold chain[10] 상태로 운반하기도 어렵고 현지에 보관하는 냉장고도 신통한 것이 별로 없다. 그런데 최근에 태양광 패널을 이용하여 소형 냉장고를 만들었다.(다행히 백신은 조그마해서 부피를 많이 차지하지 않으므로) 거기에 백신을 넣어 운반하고, 현지에서는 저장고로 사용해서 1차 문제가 해결되고 있다. 그러나 주민들의 학력이 낮고 백신 접종을 기록하고 보관하는 시스템이 완전치 못하여 다른 문제를 야기하고 있다. 최근 오지까지 보급되고 있는 스마트폰에 적절한 앱을 깔아 쉽게 기록하는 방향으로 개선되는 중이다. 정보화 산업혁명 덕이다. 그런데도 백신 주사를 놓을 수 있는 전문성을 갖춘 인력이 필요한데 오지에는 그런 인력이 부족하다. 최근 백신을 분말로 흡입하도록 하는 방식이나 몸에 붙이는 패치 방식에 대한 연구가 진행되고 있다. 조만간 가난한 나라, 오지에 사는 이들의 건강 개선에 도움이 될 것이다. 바이오기술 혁명이 가난한 국가에 주는 혜택이겠다.

정보화가 주는 혜택은 바이오 관련 교육에서도 찾을 수 있다. 과거의 교육이란 면대면face-to-face 즉 교실에서 얼굴을 보면서 가르쳐야 하는 것이었지만, 지금은 인터넷의 발전으로 원격으로 실시간 강의를 할 수 있다. 따라서 과거에는 일부 선한 마음을 가진 극소수의 지식인만이 아시아나 아프리카 오지에 가서 학생들을 가르쳤지만, 지금은 선진국의 좋은 강사들이 인터넷을 이용하여 개도국의 인재를 교육시키는 데 참여할 수 있다. 개도국은 과거보다 빨리 우수한 인재를 양성할 수 있고, 이러한 인재는 자국에서 바이오산업을 포함

10 콜드체인cold chain : 제품을 생산단계부터 사용까지 차가운 상태로 보관하고 운반하는 것을 가리킴

한 산업을 발전시키는 데 앞장설 수 있다. 인터넷 교육이란 컴퓨터 앞에서 실시간으로 강의하는 것 외에도 MOOC, OCW[11]로 대표되는 방법을 포함한다.

UN의 SDG(sustainable development goals)

21세기가 되면서 UN은 전지구적 이슈인 가난, 질병의 극복 등을 포함하는 MDG(millenium development goals)를 설정하고 특별히 개발도상국 가난 문제를 해결하려고 노력하였다. 천문학적인 돈을 들였다. 그래도 여전히 가난은 해결되지 않았고, 실패의 원인은 가난한 이들에게 빵과 물고기를 주었다는 데 있었다. 그래서 지속적으로 해결할 수 있는 방향으로 전환하는데, 바로 SDG, 지속가능개발이다. 물고기 잡는 법을 가르쳐 주는 것은 물고기를 주는 것보다 훨씬 효과적이기 때문이다. SDG 목표의 상당수는 과학기술과 관련된다.

SDG, 지속가능 발전 목표 17개

1. 빈곤 퇴치
2. 기아해소, 식량안보 달성과 지속가능농업 발전
3. 보건 증진
4. 교육보장과 평생학습 향상
5. 성 평등 달성과 여성 역량 강화
6. 물과 위생 제공과 관리
7. 에너지 보급
8. 경제 성장과 일자리 증진

11 MOOC : Massive Open Online Course, 온라인 공개 수업
OCW : Open Course Ware, 온라인으로 공개한 교육자료

9. 인프라 구축과 산업화 확대
10. 불평등 해소
11. 지속가능도시 구축
12. 지속가능 소비, 생산
13. 기후변화 대응
14. 해양과 해양자원 보존과 지속가능 이용
15. 육상, 생태계 등 보호와 지속가능 이용
16. 평화로운 사회 증진과 제도 구축
17. 이행수단과 글로벌 파트너십 강화

우수한 인재가 많이 배출되면 광활한 땅과 좋은 날씨라는 농업 강점을 가진 동남아시아나 아프리카 나라의 성장은 빨라질 것이다. 농업의 발전에는 바이오 기술이 핵심이다. 종자 개량, 물을 절약할 수 있는 스마트 농업 기술, 농산물의 저장과 가공 신기술 등이다. 바이오산업혁명은 급속도로 전 세계에 확산되고, 부익부 빈익빈 현상을 일부라도 감소시킬 것이다. 정보화가 급속히 확산되는 것과 같다.

IT기술의 보급으로 개도국에도 기회가 왔다. 의료혜택 증가·교육기회 증가·기술이전의 증가·바이오매스 자원 등을 잘 활용하면 개도국도 발전할 수 있다. 빈부 차이를 얼마나 줄일 수 있을지는 우리의 노력에 달려 있다. 개발도상국에서는 1960년대 세계 최빈국에서 지금처럼 성장한 우리나라에 관심이 많다. 코이카[12] 등에서 우리의 경험을 나누려고 활동한다. 더욱 적극적으로 활동하여 지구촌 문제

12 코이카KOICA : Korea International Cooperation Agency. 정부의 대외 무상 협력사업 전담기관

해결에 기여하기 바란다.

가난한 자를 배려하는 연구개발

헬스케어 구매자 중 5%의 부유층이 전체 헬스기기 구매액의 절반에 달한다. 가난한 이를 위한 헬스기기가 필요하다. 과학기술의 발전이 부자에게만 혜택을 준다고들 한다. 생각해보면 기술개발 초기에는 비쌌다. 그러나 계속적인 기술개발로 비용이 내려가 결국 많은 이들이 혜택을 본다. 그렇게 보면 과학기술이 부유층만 위한 것이란 말은 단기적인 시각이다. 하지만 기술 개발 초기부터 연구개발 혜택 확대로 저렴하고 대중적인 기술의 실용화를 촉진하는 것은 의미가 있다. 기술개발 초기에 가난한 이들에게 혜택을 주는 방법을 같이 생각하고, 동시에 저렴하게 할 방법도 생각해야 한다. 실제로 이러한 일에 노력을 기울이는 사람도 많다. 스스로 문제를 찾아서 해결하겠다는 정신mindset과 문제를 해결하기 위한 창의성의 계발이 문제 해결의 시작이다. 이러한 노력이 모이면 가난 문제가 점차 해결되고 더 좋은 지구촌 사회가 될 것이다.

IT기술의 발달이 교육, 소통으로 가난 문제에 도움을 주고 BT기술은 농업, 의료 등으로 가난한 국가의 발전에 힘이 되지만 모두가 만족할 수준으로 빈부 격차가 줄어들 수 있을까는 여전한 과제다.

빌게이츠 재단, 국경없는 과학기술자회

빌게이츠 재단Bill & Melinda Gates Foundation은 세계에서 규모가 제일 큰 민간자선재단이다. 마이크로소프트 공동창업자인 빌 게이츠와 부인의 이름을 딴 빌 & 멜린다 게이츠 재단은 1994년에 설립되었다. 기술의 발전은 부와 보건, 교육 등에 나타나는 불평등을 해소할 때 의미를 갖는다고 생각하여, 정부나 국제기구가 잘 접근하지 못하는 국제 문제를 해결하려고 노력하고 있다. 그 중 하나는 매년 60만 명의 목숨을 앗아가는 말라리아 퇴치다. 말라리아 모기가 들어오지 못하도록 하는 모기장, 백신, 치료제 개발을 한다. 빌게이츠 재단의 노력으로 최근 말라리아로 인한 사망자 수가 40% 정도 감소하였다. 이 외에도 에이즈 예방과 치료, 백신 개발을 위해 노력하고 있다. 개발도상국 후원 외에도 미국 내의 불균형을 해소하려고 노력하고 있다. 이러한 활동은 또 다른 재단의 설립과 기부 그리고 사회봉사로 이어지고 있다.

우리나라의 경우, 2009년에 '(사단법인)국경없는 과학기술자회Scientists and Engineers Without Borders'가 설립되어 활동하고 있다. 과학기술이 자연현상의 탐구와 이해, 경제발전에만 기여하는 것이 아니라 개발도상국 등의 시급한 여러 문제 해결에도 활용될 수 있다고 생각하여 개발도상국의 물, 에너지, 주거 등의 문제 해결을 위해 노력하고 있다. 세계적으로 가난 문제를 해결하고 가난한 이들을 도와주는 기관과 기구는 많지만, 이 단체는 과학기술자들의 자발적인 모임이라는 데 의미가 있다. 물, 에너지 등을 연구하는 과학자와 전문가가 모여 전통기술과 첨단기술을 지역 특성에 맞도록 적용하고 있다. 관련 학회로 적정기술학회Academic Society for Appropriate Technology도 설립되어 활동하고 있다.

3

바이오기술
연구에서
산업으로

바이오기술은 크게 의료, 제약, 소재, 농업의 4개 영역으로 나눌 수 있다. 의료와 제약 분야(합하여 바이오헬스라고 함)는 적십자를 상징하는 빨간색으로, 소재는 친환경을 상징하는 하얀색으로, 농업은 논밭을 나타내는 초록색으로 표현하여 각각 Red BT, White BT, Green BT로 부른다.(그림 3.1) 여기에 IT 등과 융합되거나 화학기술과 융합된 융합바이오를 별도로 구분하기도 하고, 융합바이오의 응용분야에 따라 Red BT나 White BT 등에 포함시키기도 한다.

시대의 필요에 의해 사회 문제를 해결하기 위한 연구, 자연 현상에 대한 호기심에서 출발한 연구가 어떻게 기술 개발로 연결되는가? 기술 개발이 제품으로 연결되고 다음 단계의 산업 발전에 어떻게 영향을 미치는지 분야별로 몇 가지 이슈를 예로 들어 살펴본다.

그림 3.1 Red, Green, White 바이오. 생명과학, 공학, 농학, 의약 분야는 뿌리에 해당하고, 바이오기술은 나무 줄기에 해당하는데, 거기에서 Red, Green, White 바이오 산업의 열매가 맺힌다.

1. 바이오의료

기존의 의료기술은 아픈 사람을 대상으로 약물과 수술 치료로 증상을 완화하거나 치료한다. 그러나 앞으로는 환자는 물론 건강한 이들의 건강을 평소에 모니터링하고, 예방은 물론 조직 재생과 대체 방법을 사용하는 재생 의료, 유전자치료, 원격의료, 뇌-컴퓨터를 연결시키는 사이보그 인간 개념의 치료 방식 등이 도입된다. 인구의 고령화, 소득 증가, 다양한 기술 개발은 의료 수요를 증가시키고 이것은 의료바이오 경제 규모를 크게 증가시키고 있다.

우리는 병에 걸리지 않고 건강하게 오래 살고 싶다. 그러나 현실은 그렇지 못하다. 병원에 가면 아픈 사람이 그렇게 많다. 태어날 때부터 고통을 안고 태어나는 이도 많다. 100세 시대라니 나이 들어 아픈 이는 더 늘어날 것이다. 우리는 과학기술이 이 문제를 해결하기를, 도와주기를 바란다.

의료바이오 분야의 이슈는 무엇인가? 질병의 예방, 진단, 치료에 관련된 것이다. 관련 기술의 진보는 엄청나다. 그 중에서 새롭고도 혁신적인 기술 개발로 우리 사회에 큰 영향을 주는 이슈는 무엇인가? 그림 3.2에서와 같이 인간유전체의 해독이 가져오는 의료와 사회, 질병치료의 한계를 넘을 수 있는 인공장기, IT기술과 융합되는 진단센서와 의료기기 등을 이용하는 원격진료 등이 대표적이다.

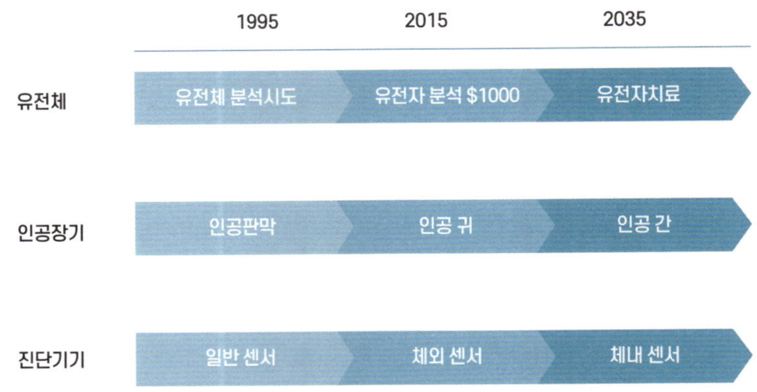

그림 3.2 유전체, 인공장기, 의료기기 분야도 20년마다 변화 발전한다.

지난 100년간 인간의 수명은 놀랄만큼 늘었다. 건강한 음식과 질병 치료에 관한 이슈가 인간을 더 오래 살게 했다. 지금까지는 환자가 병원에 오면 어떤 병인지 진단하고 적절한 방법으로 치료하였다. 앞으로는 질병과 관련된 모든 지식과 정보를 통합하여 진단하고 예방하고 치료하는 방식으로 바뀔 것이다.(그림 3.3~4) 또 다른 트렌드는 개인의 바이오마커를 이용하여 유전자변이, 암발병 관련 인자 등을 측정하고 빅데이터를 이용하여 질병을 예측하고 진단하는 방식이다. 개인 맞춤형 진단과 치료는 지금의 방식보다 치료효과가 높을 것이다.

1.1 유전체 성형 시대

얼마 전에 보도된 안젤리나 졸리의 이야기를 생각해보자. 외할머

그림 3.3 의료 기술 파라다임의 변화

그림 3.4 의료산업 발전 배경

니가 유방암에 걸리면, 엄마도 걸리고, 딸도 걸린다. 잘 알려진 사실이다. 유방암은 유전이 중요한 발병 요인이다. 젊어서는 신체 대사 작용이 왕성하여 쉽게 암에 걸리지 않지만 나이가 들거나 몸이 허약해지면 암에 걸릴 확률이 높아진다. 유전이 원인이면 관련 유전자를 고치면 좋겠지만, 아직 그 기술은 실용화되지 못했다. 그러니 나이가 들면 자주 암 검사를 할 수밖에 없다. 그러나 자칫 소홀하면 암에 걸리고 생명까지 위험하게 되니, 젊어서 아예 신체 일부를 절단하여 암 발생의 위험에서 벗어나는 방법이 있다. 안젤리나 졸리는 유전자 검사에서 60세 이전에 유방암에 걸릴 확률이 84%로 확인되자 2013년에 유방절제술을 받았다. 앞으로도 이런 일이 반복될까? 유전 질병은 많이 알려졌는데, 치료 방법은 마땅히 없는 형편이다.

유전체[13]하면 제일 먼저 떠오르는 것은 인간게놈프로젝트HGP, human genome project일 것이다. 전 세계의 수많은 과학자가 엄청난 예산을 써서 1990년에 시작하여 2003년에 인간의 유전자지도를 완성하였다. 당시에는 한 사람의 유전체를 읽는 데 약 30억 달러가 소요되었다. 불과 20년 전의 일인데 세상은 이미 많이 달라졌다. 2006년에는 30만 달러로 개인의 유전정보를 분석하였고, 얼마 지나니 1000달러로 1주일이면 개인의 유전자 정보를 얻을 수 있었다. 2017년에 미국의 일루미나Illumina사에서 노바섹Novaseq 시리즈의 유전자 검사기기나 중국의 비지아이BGI와 같은 유전자 분석회사들의 유전체 분석 상품 출시로 이제는 100달러로 24시간이면 중요한 유전자 분석이 가능해졌다. 일루미나의 사장은 인간 유전체의 풀어진 DNA를 분석하는 데 1시간이면 충분하다는데, 샘플로부터 DNA을 얻고 이것을 분석하는 데 총 24시간이면 된다는 말이다.

얼굴 성형 대신에 유전자를 성형한다

30억 쌍의 염기 중 하나가 잘못되어도 심각한 문제가 생길 수 있다. 불치병인 겸상적혈구 빈혈증, 낭성 섬유증과 같은 경우다. 유전자 이상으로 질병이 있거나 예상되는 경우, 할 수만 있으면 당연히 유전자를 바꾸어야 한다. 어떻게 바꿀까?

맞춤형 아기가 한 방법이다. 현재는 엄마의 유전병을 피하기 위한 방법으로 세 부모 아기가 시도되고 있다. 엄마의 미토콘드리아 유전자에 변이가 생기는 질환이므로 다른 여성의 건강한 난자에 엄마의 핵을 이식하고 아빠의 정자를 결합한다. 배아 상태의 유전자를 분석

13 유전체genome : 한 생물체를 구성하는 유전자gene의 총합

하여 좋은 배아만 선택하여 착상시키는 방법도 있다.

미래에는 본격적인 유전자치료가 사용될 것이다. 현재까지 소개된 여러 유전자치료 기술은 만족스러운 단계는 아니다. 질병을 유발하는 특정 유전자만 바꾸어야 하는데, 엉뚱한 유전자를 건드린다면 더 큰 문제가 될 수도 있다.

유전자치료 개념은 1980년대 중반 미국에서 소개되었는데, 1990년경부터 임상시험이 시작되었다. 미국은 2015년에, 유럽은 2012년에 유전자치료가 시작되었다. 유전자치료가 시도되는 질병은 대단히 많다. 지단백질 지질분해효소 결핍증, 맥락막 결손증, 중증 복합면역 결핍증, 부신 백질 이영양증, 2형 레베르 선천 흑내장 등이다.

유전자치료 연구는 확대되고 있다. 2016년 영국에서 쥐를 대상으로 실험한 결과, 유전자를 뇌에 주입함으로써 알츠하이머 치료 효과가 확인되었다. 알츠하이머의 주요 원인으로 알려진 뇌세포특성 단백질인 아밀로이드의 형성이 차단되어 치료된 것이다. 인간에게 적용하려면 앞으로도 많은 연구와 임상시험이 필요하지만, 희망을 주는 뉴스다.

SMA1(Spinal muscular atrophy – type1) 유전병이 있는 3세 아이가 임상단계지만, 중요한 단백질을 합성하도록 하는 유전자치료를 받아서 현재 다른 아이들과 다름없이 성장하고 있다. 2017년 미국에서 헌터 신드롬Hunter syndrome으로 고생하던 44세의 환자에게 체내에 직접 유전자가위ZFNs(Zinc finger nucleases)를 투입하여 관련되는 효소를 생합성하게 하는 시험도 진행 중이다.

2013년 과학계는 크리스퍼CRISPER, 정밀 유전자가위라는 큰 발명을 했다. 정밀하게 유전자를 조작할 수 있어 유전자치료 분야의 발전이 가속화될 것이다. 크리스퍼 유전자가위로 배아유전자를 교정할 수 있다. 체외수정란에 크리스퍼 유전자를 직접 주입하여 교정한 후 대리모에 착상시킨다. 유전자가위를 이용하여 줄기세포를 교정한 후 세포를 분화시켜 유전병환자에게 이식하는 방법도 있다.

유전병의 예방과 치료에 이러한 기술을 사용한다면 과학기술이 인류에게 기여하는 좋은 예가 될 것이다. 인간뿐 아니라 동식물에게도 적용되어 산업적으로 많이 활용될 것이다. 그러나 인간의 욕망은 끝이 없기에 이러한 유전 정보와 유전자치료 기술은 오남용될 소지가 많다. 부모로서는 자녀가 건강하고 성격이 좋고 사회적으로 성공할 수 있는 유전자를 가졌는지 궁금할 것이다. 지금 우리나라에서 외모 성형수술이 유행하듯, 미래의 어느 시점에는 유전자 성형이 유행할 수 있다.

우리의 관심은 무엇인가?

인간의 유전자는 약 60억 쌍의 염기로 이루어져 있다. 유전체를 분석하면 어떤 암에 걸릴 확률이 높은지, 얼마나 키가 클지 등 개인의 건강과 관련된 정보를 얻을 수 있다. 혈우병 등 10,000여 종의 질병이 유전질환이다. 신생아의 1%가 유전 질환을 갖고 태어난다. 물론 유전된다. 그러면 어떤 유전자가 질병이나 유전병과 연관되는가? 개인의 성격이나 사회성과 관련되는 유전자도 있는가? 학업능력이 뛰어난 학생의 유전자는 일반 학생의 유전자와 무엇이 다른가? 등등 유전체에 대한 정보(서열과 기능)를 얻으면 다음 단계의 일을 생각할 수 있다. 어느 기업에서는 폐활량이 크고 인내심이 있어야 우수한 운동 선수가 될 수 있다는 가설을 바탕으로 운동선수가 후보자의 유전자를 검사하여 앞으로 우수한 선수가 될 수 있는지 여부를 알려주었다고 한다. 이러한 이야기들은 그냥 듣고 넘길 것이 아니다. 향후 취업과 관련해서도 이와 유사한 자료가 사용될 수 있다. 또 예비 신랑 신부는 이러한 정보에 근거하여 혼인 여부를 정할 수 있다. 개인의 유전 정보에 따라 건강/생명 보험료를 정할 수도 있다. 도처에서 유전자정보의 영향을 받는 시대가 올 것이다. 누군가 반대나 우려의 목소리를 낸다고 이러한 흐름을 막을 수는 없다.

유전자 검사 항목 : 우리나라에서는 소비자가 직접 의뢰하는 경우 영양소, 운동, 피부, 모발, 식습관, 개인특성, 건강관리, 혈통 관련 등 최대 70개다. 대장암, 간암, 위암 등 암 6가지와 관상동맥질환, 파킨슨병, 고지혈증, 골관절염, 식도염 등 질병과 연결되는 14가지 항목은 예외적으로 허용된다. 외국은 제한을 없애거나 항목을 늘려 관련 업계가 수많은 서비스를 하며, 수요 증가와 산업의 발전으로 연결되고 있다.

영화 가타카 포스터

개인의 유전자 정보가 여러 영향을 미칠 수 있다는 생각을 영화로 만든 것이 가타카GATTACA다. 태어나는 순간 예상 수명, 질병, 성격 등을 판별하는 시대에 태어난 주인공은 열성인자를 가지고 태어나 우주항공사가 될 수 없었지만, 이를 극복해 간다. 최근에 발간된 『니콜라스 볼커 이야기 ; 유전체 의학의 불씨를 당기다The Story of Nic Volker and the Dawn of Genomic Medicine』에도 미국에서 최초로 이루어진 유전체 치료와 관련된 사례가 실감나게 서술되어 있다. 유전체를 해독했을 때, 본인과 그 가족에게 어떠한 영향을 미칠까? 심각한 문제가 되는 유전자가 있다면 결혼을 해야 하나? 결혼해도 아기는 갖지 말아야 하나? 등등의 문제에 직면하게 된다.

유전체 관련 기업이 성장한다

구글의 자회사인 23엔트리사는 게놈 정보와 관련된 질병과 신체 특징에 대한 정보를 10만 원 정도에 제공한다. 최근 이 분야에 진출하는 기업 수가 급격히 증가하고 있다. 게놈의 분석과 해석에 관련된 전문 인력이 필요하니 이것도 먹거리와 일자리 창출로 연결된다. 병원도 의사도 이러한 전문가와 일해야 할 때가 다가오고 있다.

미국의 상가모Sangamo Bioscience는 에이즈 환자의 면역세포에서 특정 유전자(CR5유전자)를 유전자가위로 제거하거나 변이시키면 바이러스가 더 이상 감염시키지 못할 거라 예상, 에이즈 치료를 기대하며 기술을 개발하고 있다.

유전자가위로 유전병을 치료하는 기술은 크게 둘로 나눈다. 환자의 세포를 가위로 교정해서 다시 세포에 넣는 방법과 환자에게 유전자가위를 직접 넣어 병의 원인을 제거하는 방식이다. 우리나라의 생명윤리법은 유전자가위를 체내에 전달하여 치료하는 것을 금지하는데, 이러한 규제는 OECD 국가 중 유일하다고 한다.

현재 유전자가위를 이용한 연구가 많이 진행되고, 보다 정밀한 유전자가위를 이용하여 식물이나 미생물 등의 유전자를 성공적으로 조작하고 있다. 전세계의 수많은 기업이 유기체나 개인에 대한 유전정보를 알려주는 비즈니스를 하고 있다. 유전 정보와 질병, 사회성 등 개인의 특성을 예측해 주는 기업이 빠르게 늘어날 것이다. 유전자치료나 유전자성형 병원, 기업도 마찬가지다. 혈액형을 운전면허증에 기록하는 나라도 있다. 미래에는 우리의 유전 정보가 조그만 칩에 저장되어 몸에 삽입될 것이다. 과거에는 상상일 뿐이었으나, 이제는 멤스MEMS[14] 기술과 플렉서블 디스플레이flexible display기술의 발달로 현실이 될 날이 머지않았다. 유전체와 관련된 분석, 상담, 치료 등은 우리 사회의 모든 분야에 영향을 미치고 새로운 비즈니스를 창출할 것이다.

국내 기업으로는 마크로젠이 대표적이다. 마크로젠은 1997년에 설립되어 DNA 염기서열 분석 서비스, 임상용 유전체 분석 서비스 등을 하는 유전체 전문 회사다. 이외에도 DNA링크, 테라젠이텍스, 메디젠휴먼케어 등의 기업이 유전자 검사를 하고 있다.

개인 맞춤형 정밀의료가 시작된다

유전자 정보를 활용한 맞춤형 정밀의료precision medicine 개념이 도입된다. 개인의 유전자, 환경, 생활습관 등을 고려하여 치료하는 방식이다. 개인에게 맞는 효과적인 치료법과 약물을 선택할 수 있다. 치료 효과를 높이고 부작용을 줄일 수 있는 방법이다.

현재는 다수의 환자에게 약효가 있으면 그 치료 방법을 채택한다. 이 접근 방법은 비용이 저렴하다는 것이 장점이다. 앞으로는 예방시스템으로 전환되고 개인에게 맞는 약을 처방받거나 개인 맞춤형 치료 방법이 사용될 것이다. 이는 년 11% 이상의 성장이 예측되며, 의료분야에 엄청난 규모의 파괴적 변화를 일으킬 것으로 예상된다.

14 멤스MEMS : Micro Electro Mechanical System을 나타내는 미세전자기계시스템

1.2 언제 어디서나 원격의료

국토 면적이 넓은 캐나다나 호주의 오지에 사는 경우 병원 이용이 어려워 오래 전부터 원격의료에 대한 관심이 높고 원격의료가 많이 시행되고 있다. 우리는 상대적으로 원격의료에 대한 관심이 별로 없었다. 최근 의료 개념이 확대되고 코로나19 사태를 경험하면서 비대면 원격진료에 대한 관심이 증가했다. 보통은 증세가 있거나 1년에 한 번 건강검진을 하러 병원에 간다. 앞으로는 유전자 검사, 진단 기술의 진보로 예방이 확대되고 보편화될 것이다. 매일 건강상태를 확인하는 시스템으로 바뀔 것이다. 지금은 병원 같은 전문 의료기관에만 진단용 의료기기가 있고 의사만 다루는데, 앞으로는 홈헬스 케어로 바뀔 것이다. 환자를 치료하던 옛날 방식에서 건강한 사람을 돌보는 방식으로 의료 개념이 확대되면서 사전예방, 즉시 처치 등의 목적으로 진단하는 것이 중요해졌다. 관련 시장이 크게 증가하고 있어 글로벌 디지털 헬스케어 시장은 2025년에 5044억 달러로 예측된다. 모니터링 시장에 필립스, 스페이스랩 등의 회사가 뛰어들었다. 스페이스랩은 우주비행사의 생체활동을 모니터링한 경험으로 헬스케어 시장에 진입한 것이다. 우리나라도 기존의 중소기업 외에 IT 기

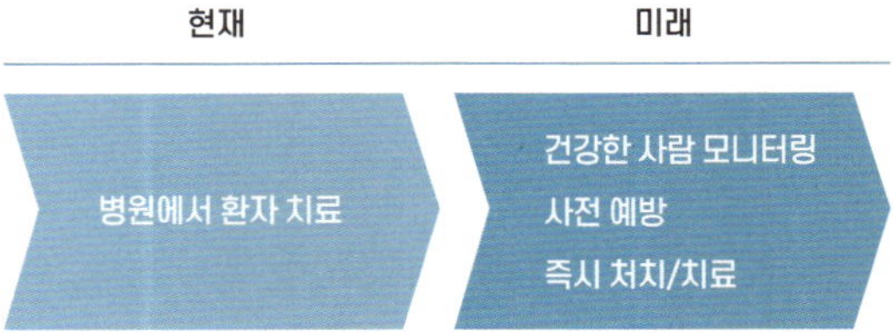

그림 3.5 의료 시스템의 변화

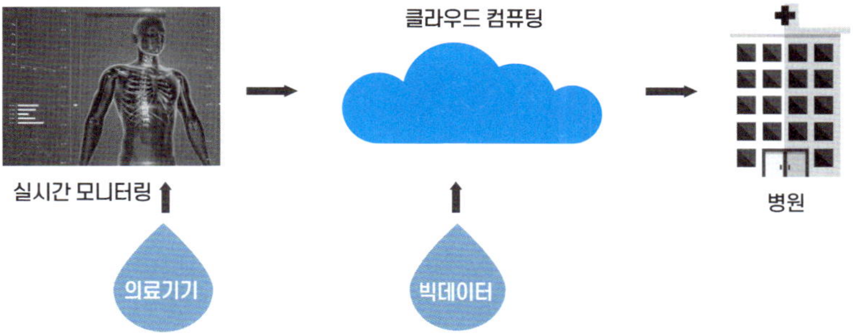

그림 3.6 스마트 폰과 연계하여 의료 정보, 측정과 진단 등을 가능하게 하는 비대면 유비쿼터스 의료. 의사와 정보전문가가 근무하는 스마트병원과 연계하여 국민 아무나 홈헬스케어 개념의 의료혜택을 받는다.

업들이 뛰어들고 있다.

디지털 헬스케어는 정보의 정확성과 보안이 중요할 것이다. 병원에는 여전히 의사가 있어 개개인의 건강정보를 체크하고 필요 시 상담, 처치해 준다. 그러나 대부분의 정보는 데이터 형태로 병원에 오므로 병원에는 유전체분석 전문가는 물론 스마트의료 전문가도 필요하다. 같은 맥락에서 일본은 건강관리 관련 전문자격증을 발급하기 시작했다.

빅데이터도 중요하다. 병원과 관련 기관이 갖고 있는 지난 수십년간의 환자 데이터를 분석하면 질병의 예측과 치료에 중요한 단서를 얻을 수 있다. 물론 통계이므로 모든 이에게 해당될 수는 없지만, 트렌드나 의미있는 결과를 얻을 수 있다. 환자의 유전체 정보와 의료 정보 등과 비교할 때 예측, 예방 중심의 헬스케어로 의료의 패러다임을 변화시키는 데 큰 역할을 한다.

의료기기 기업

당뇨병은 우리나라 국민 5명 중 1명꼴로 갖고 있는 대중적인 질병으로 관리가 잘못되면 합병증 등 심각한 결과를 초래할 수 있다. 당뇨 환자는 대개 매일 아침 혈당 농도를 측정한다. 바늘로 손가락 끝을 찔러 나온 피를 검사지에 묻히고 측정장치에 넣어 포도당 수치를 검사한다. 뾰족한 것으로 찔러 피를 내는 것을 누가 좋아할까. 그것도 매일 아침 반복해야 한다. 이런 방식의 포도당 센서는 여러 면에서 불편하므로 오래 전부터 포도당 센서를 개선하려고 다양한 연구를 하였다. 피를 채취하지 않고 측정하는 것이 목표다. 쌀알만한 장치를 몸 안에 심어 포도당 농도를 측정하는 방식을 개발했으나 잘 사용되지 않는다. 최근에는 센서가 있는 패치를 몸에 붙이면 땀에 있는 포도당을 측정하는 센서를 개발했다. 포도당 농도에 따라 적절한 약물을 몸에 주입하기까지 하니 이제는 피를 뽑지 않고도 포도당 농도를 알 수 있을 뿐 아니라 치료까지 하게 되었다.(그림 3.7)

그림 3.7 센서 기술의 변화 추세

이와 유사한 기술로 멈춘 심장을 되살리는 심장 자극기가 있다. 동물실험에서 심장에 흐른 전기신호를 읽고, 예를 들면 부정맥인 경우, 새로운 전기신호를 보내면 심장기능이 정상화된다.

이러한 의료를 뒷받침하는 것이 바이오센서와 같은 의료기기다.

의료기기의 종류는 다양하다. 바이오센서, 엑스레이, CT 촬영기, 초음파 기기, 내시경 카메라 등이 있다. 그 중에서도 의료영상 진단 분야가 중요하다. 여기에 인공지능이 결합하여 유방암, 결핵, 폐질환 등을 진단하는 기업이 생겨났다. IT기술과 의료기술의 융합이다. 영상용 의약에 나노 기술이 활용되고, 인공지능은 의사가 놓치기 쉬운 영상 부분을 찾아내고, 관련된 정보를 종합하여 그 다음 단계를 제안한다.

어떤 센서가 더 필요할까? 혈관의 산소포화도 센서는 실용화되었다. 앞으로 면역력을 측정하는 센서(면역력의 지표가 되는 NK세포 활성도는 측정 기능), 스트레스를 측정할 수 있는 센서가 있으면 일상 생활에 도움이 되겠다. 암 진단에는 후각 센서가 등장하였다. 개는 냄새로 폐암을 알아낸다. 후각 센서와 전자 코 기술의 발달은 놀랍다. 사람이나 개의 후각 세포를 이용한 후각 센서는 마약, 음식물 부패, 지뢰 등 화약, 화학약품 등을 검출할 수 있어 머지않아 실용화가 기대된다.

의료기기의 발달은 정확하고 저렴한 진단을 가능하게 한다. 최근 개발된 동물 세포나 인간 세포를 이용한 바이오칩은 약물이 인체에 미치는 영향을 테스트하는 것이라 동물실험을 대체할 수 있다. 실험동물에 반대하는 이들에게 반가운 뉴스다.

세계 의료기기 시장은 연 37% 성장하여 2020년에는 대략 2300~4300억 달러 규모로 예측된다. 세계적인 인구 고령화에 따른 수요의 증가로 더욱 빠르게 성장할 것이다.

세계 의료기기 시장은 GE, 필립스, 지멘스 등 글로벌기업이 주도한다. 의료기기 산업은 미국, 일본, 독일이 전체의 약 60%를 차지하는데, 노령화와 아시아, 아프리카 시장의 확대 그리고 BT/IT기술의 진보로 연 6% 이상 성장할 것으로 예상된다. 특히 유비쿼터스 의료, 모바일 의료 관련 시장이 커짐에 따라 최근에는 IT 회사가 진출하는 추세다. 의료기기에 클라우드(가상 데이터 저장 공간)를 연결하고 병원과 주치의를 연결시키는 방식이 보편화될 것이다.

IBM은 왓슨헬스센터를 설립할 계획인데 인공지능기반 의료 시장에 진출하려는 것이다. 구글은 GSK와 손잡고 생체전자공학회사 Galvanic Bioelectronics를 설립하였으며 애플은 착용가능한 의료기기 Healthcare Wearable 를 개발중이다. 여기에 글로벌 IT 기업인 삼성전자, LG전자, SK텔레콤, KT, 포스코 등도 사업을 시작했다. 왓슨앤컴퍼니는 기구를 착용하면 우울증, 스트레스가 어느 정도 치유되는 wearable device 기술을 개발하고 있다. 이러한 디지털 의료 시장은 2019년 1064억 달러에서 2025에는 5044억 달러 규모로 년 29.6% 성장이 예상된다.

국내 시장규모는 세계 시장의 1~2% 정도로 매우 작으나 오스템임플란트, 바텍, 휴비츠, 인바디 등의 기업이 제 분야에서 세계적으로 두각을 나타내고 있으며 삼성전자, LG전자 등 글로벌 IT 기업이 진출함에 따라 우리나라의 세계 시장 점유율은 증가할 전망이다. 이를 의료데이터와 연계한 건강보험정보는 새로운 산업의 토대가 된다.

1.3 인공장기 비즈니스

아일랜드Island라는 영화에서는 인간의 장기가 손상될 경우를 대비하여 섬에서 복제 인간을 만들어 관리한다. 그러다가 원래 인간의 몸에 이상이 생기면 복제 인간에게 여행을 보내준다고 한다. 사실은 복제 인간의 장기를 주인공에게 이식하는 것이다. 단지 공상과학 영화일까? 미래에 이런 일이 일어나지 않는다고 장담할 수 있을까? 인간의 장기가 망가지면 어떻게 치료할까? 다시 산다는 의미의 리-얼라이브Realive라는 영화는 냉동인간을 깨어나게 하는 이야기다. 죽은 인간을 냉동시켜서 의술이 많이 발전한 미래에 해동하여 살려낸다. 손상된 근육까지 장기를 이식하여 새로운 삶을 살게 해준다.

영화 리얼라이브 포스터

장기이식은 이제 메가트렌드다. 어떤 방법을 사용할 것인가가 이슈다. 인간의 몸도 기계처럼 오래 쓰다보면 문제가 생긴다. 기계는 부품을 교체하면 오래 쓸 수 있는데, 사람의 몸은 그렇지 못해서 문제다. 오래 살고 싶으면 고장 안 나게 몸을 잘 관리해야 하는데 세상일이 그리 용이하지 않다. 지금까지 인간이 장기를 수리 교체한 예는 몇 가지 있다.

심장의 판막이 고장나면 심장에서 몸으로 나가는 피가 제대로 순환하지 못한다. 그래서 인공 판막을 만들어 교체하여 사용한다. 갓난아기가 판막에 문제가 생겨 뛰거나 운동하지 못하는 경우가 있다. 인공판막을 써야 하는데 아이가 너무 어리면 수술이 부담되므로 클 때까지 기다려 수술한다.

신장(콩팥)이 망가진 경우도 있다. 심하면 신장 투석을 한다. 일주일에 두세 번 병원에 가서 혈액을 인공신장 투석기로 보내 노폐물을 배출한다. 일주일에 두 세 번씩 병원에 가서 몇 시간을 투석하는 건 보통 일이 아니다. 그렇다고 가정에서 투석하는 것은 위험하다. 투석기는 인공신장은 아니다. 임시 방편이지 영구 조처가 아니다. 그래서 신장이식을 한다. 면역거부 작용이 없는 가족의 신장을 환자에게 이식한다. 인간의 신장은 둘이고 하나로도 생활하는 데는 지장이 없다니 다행이다. 그러나 신장 공여자도 한계가 있으니 대안은 인공신장이다.

인공혈관도 있다. 사고가 나면 혈관이 끊어질 수 있다. 혈관이 막힐 수도 있다. 전쟁 중의 사고는 신속히 대처해야 한다. 혈관의 직경이 6mm 이상이면 어렵지 않게 인공혈관으로 대체할 수 있다. 6mm 이하의 혈관은 잘못하면 혈액에 소용돌이 현상이 생겨 혈전의 위험이 있다. 그래서 혈관 내부에 내피세포endothelial cell를 배양하여 혈전을 해결한다. 20년 전에는 큰 문제였으나 이제 많이 해결되었다.

심장판막, 신장, 혈관 외의 장기는 어떤가? 아직도 간, 췌장, 심장, 폐 등은 대체할 장기가 없다. 이식이 제일 용이한 방법이지만 장기 공여자는 많지 않다. 사회적으로 장기기증을 장려하고 있지만 참여율은 낮다. 비용도 만만치 않다. 경제적으로 여유 있는 이들은 중국, 미국 등으로 가서 장기 이식을 기다린다. 대안은 인공장기다.

인공장기 비즈니스

인공장기 실용화는 어디까지 왔을까? 인공췌장artificial pancreas의 경우를 생각해보자. 신장 환자의 상당 수는 당뇨병 때문이다. 당뇨가 심해지면 혈당 농도가 증가하고 이것은 혈액의 점도를 올려 신장에서 혈액을 거르는 일이 힘들어져 결국 신장이 망가진다. 혈액의 점도가 올라가니 몸 구석구석에 혈액이 전달되지 못하고, 심하면 발에 혈액이 공급되지 않아 심각한 문제를 일으킨다. 당뇨 치료는 매우 중요하다. 당뇨의 주요 원인은 췌장의 췌도세포[15]에서 인슐린이 분비되지 않는 것이다. 증세가 심하지 않으면 치료법이 다양하지만, 정도가 심해지면 췌장을 이식할 수밖에 없다. 미국의 경우 2016년에 3만 명이 췌장 이식을 기다리는데, 기증자는 500명 정도다. 인공 췌장을 개발하여야 한다. 줄기세포를 이용하는 방법을 생각할 수 있으나, 연구 초기 단계여서 실용화까지는 멀었다. 사람과 몸무게가 비슷한 미니 돼지의 췌장을 이식하는 대안이 있다. 이런 경우 면역거부 작용이 생긴다. 췌장세포의 유전자를 조작하여 면역거부 작용을 없애는 연구가 진행중이다. 부분적으로 성공하였다고 하지만 인체에 적용하기까지는 시간이 걸릴 것이다. 인체의 면역반응은 신비로워서 단순히 유전자 한 두 개 조작해서 안전할지 장담할 수 없다. 현재로서는 미니 돼지의 췌장세포를 고분자 막으로 둘러싸는 대안이 있다. 쉽지는 않지만 좋은 방법이다. 미국, 뉴질랜드, 일본, 중국 등에서 돼지의 췌도를 고분자물질로 둘러싼 것을 임상시험 중이며, 일본의 오스카 제약은 뉴질랜드의 리빙셀테크놀로지LCT사를 인수하여 이 분야 사업에 진출했다. 미니돼지로부터 췌도만 얻는 것이 아

15 췌도 : 췌장에서 인슐린을 분비하는 세포가 섬처럼 뭉쳐있는 것

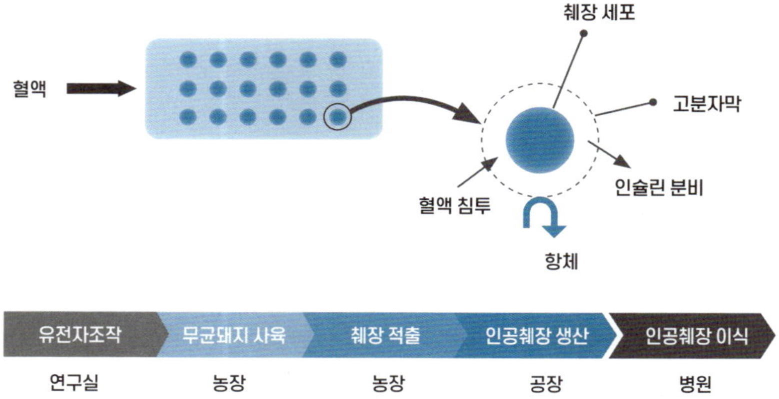

그림 3.8 인공췌장 모식도. 5단계의 가치사슬value chain(가치 사슬 : 경제 용어로, 기업 활동에서 부가가치가 생성되는 과정)을 거쳐야 한다.

니라 각막, 심장, 신장 등의 장기를 이식 대상으로 생각할 수 있다.

미국의 레비비코르Revivicor 사에서 개발한 면역거부작용을 없앤 GM 돼지는 이식에 필요한 장기와 조직을 제공할 수 있고 고기는 먹어도 안전한 것으로 허가 받았다. 어느 부위에 이식할 것인가? 혈액이 췌장세포로 가서 인슐린이 잘 분비될까? 인공 췌장의 수명은 어느 정도일까? 비용은 감당할 만한가? 아직도 해결할 이슈가 많다. 하지만 수많은 과학자, 의학자가 도전하고 있으므로 향후 20년 안에는 실용화될 것으로 기대된다.

인공 간은 어떠한가? 간암, 급성간염으로 사망에 이르는 경우가 많다. 간 이식도 쉬운 일이 아니므로 오래 전부터 인공 간 연구가 세계적으로 진행되었다. 1990년에는 어느 대학 연구실에서 간을 인공 배양해서 인공 간을 만드는 연구를 했다. 이후에도 인공간을 중공사

막 생물반응기hollow fiber membrane reactor 형태로 만들어 보면서 실용화에 다가가고 있다. 전세계의 유수 대학, 병원, 기업에서 다양한 연구를 하고 있어 인공 간도 머지 않아 실용화될 것이다.

인공 폐 연구는 다소 최근에 시작되었고, 인공 신장 연구도 최근 일이다. 아마도 20년 후에야 시제품 형태의 장기가 만들어지고 그 이후에 실용화될 것이다.

현재 신장 투석은 1회에 15만 원 정도다. 상당액은 보험에서 지출된다. 1주일에 2~3회 투석을 받으니 연간 2000~3000만 원이다. 인공 신장이 개발되고 비용문제만 없다면, 환자들의 불편을 줄이는 데 큰 의미가 있다.

인공 췌장 외의 장기 시장을 대략 인공 췌장 시장의 10배 정도로 보면, 인공 장기의 세계시장은 천문학적 규모다. 우리나라가 얼마나 시장을 선점할 것인지는 우리의 노력과 경쟁력에 달렸다.

재생의료의 일환으로 줄기세포도 연구 중이다. 줄기세포에는 배아줄기세포, 성체줄기세포, 제대혈 줄기세포, 최근에 역분화 줄기세포가 소개되어 다양한 연구가 진행 중이다. 복제배아 줄기세포는 종교적, 윤리적 문제로 제한적 연구중이다. 2007년 일본의 야마나카 신야Yamanaka Shinya 교수가 역분화 줄기세포iPS, induced pluripotent stem cell를 만든 후 연구가 가속화되었다. 환자 본인의 세포를 이용하면 면역거부작용이 없고 종교적, 윤리적 문제가 없으나, 실제 적용에는 안전성 등의 문제가 해결되어야 한다.

일본의 이화학연구소, 교세라Kyosera 등에서는 줄기세포를 이용한 모발재생 실용화 연구, 이화학연구소와 교토대에서는 타인의 유도만능줄기세포(iPS 세포)를 이용한 난치병 임상연구, 줄기세포로 뇌

경색을 치료하는 프로젝트가 추진 중이다. 아직은 초기 연구 단계지만 치료의 패러다임이 바뀌면 새로운 비즈니스 기회다.

줄기세포 치료제 시장은 연 17% 성장하고 있고 글로벌 줄기세포 시장은 2021년 162억 달러, 2025년 239억 달러로 예상된다. 줄기세포는 노화로 죽은 세포를 대체하므로 고령화에 따라 미래 성장 동력의 하나로 기대되고 있다. 특히 세계적으로 승인받은 10개의 치료제 중 4개가 우리나라 제품으로(일본 제품은 3개) 우리나라가 경쟁력 있는 분야다.

아토피피부염은 만성피부질환으로 면역력 이상, 피부보호막 이상, 환경적, 유전적 요인 등 복합적인 원인으로 발병하는데 전세계가 경쟁적으로 치료제를 개발하고 있다. 우리나라 기업도 아토피피부염 치료용 줄기세포 치료제를 개발하고 있다. 피부 노화를 막거나 치료할 목적의 화장품도 개발중이다. 이와 같이 줄기세포는 차세대 치료 방법으로 기대되어 여러 병원과 기업이 관련 의료기술을 개발하고 있다.

2. 바이오 제약

암과 성인병은 여전히 건강을 위협하고, 바이러스에 의한 질병이 우리를 공포에 떨게 했다. 치매 등 뇌 질환도 새로운 사회 문제다. 우리는 이러한 위협에 대하여 적당한 운동과 예방을 강조하면서 치료 기술 개발에 애쓰고 있다. 이와 관련한 새로운 시도는 바이오산업으로 발전하여 우리의 경제와 사회를 획기적으로 변화시킬 것이다.

바이오제약 분야의 이슈는 질병을 물리치고 건강을 지키는 의약품의 개발과 생산이다. 페니실린 항생제가 획기적인 의약품이었지만 현재는 슈퍼버그가 나오면서 인간과 세균의 전쟁은 계속되고 있다. 유전자재조합기술의 도입으로 단백질 치료제가 등장하고 최근에는 항체치료제까지 소개되었다. 그런데 바이러스에 의한 질병은 여전히 우리를 위협한다. 2020년 코로나19는 인류에게 대재앙을 경험하게 하였다. 백신이 개발되었지만 동시에 변이종이 나타나 온전한 해결에는 오랜 시간이 걸릴 듯하다.(그림 3.9)

암치료제, 심혈관치료제 등 수많은 치료제 개발이 중요한 이슈다. 우리나라의 제약산업은 전통적으로 규모가 작아 글로벌한 경쟁력을 생각할 수 없었다. 그러나 최근 신약 개발과 바이오시밀러 분야 등에서 국제 경쟁력을 갖추기 시작하면서 주요 산업으로 부각되고 있다. 단백질 치료제, 바이러스치료제, 장내미생물 치료제 등을 중심으로 기술의 연구 동향과 기업화 추세에 대하여 살펴보자.

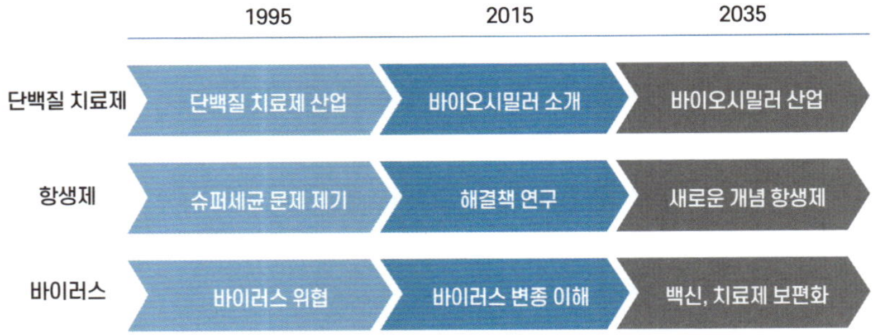

그림 3.9 바이오제약 기술의 변화. 20년 전에 제기된 이슈는 20년이 지나면서 새로운 단계로 변화되고, 다시 20년이 지나면 다음 단계로 발전할 것을 기대하게 한다.

2.1 제약 먹거리 단백질의약품

1980년대 의약품 관련 바이오기술과 산업의 변화는 혁명적이었다. 과거에는 상상도 못하던 단백질 의약품을 대량으로 값싸게 만들게 되었다. 다양한 단백질 치료제가 등장하였으며, 제넨텍, 암젠 등의 바이오 벤처가 등장하여 새로운 시대를 열었다. 2020년이 되어 초창기 특허가 대부분 만료되면서 우리나라는 단백질치료제 관련 바이오시밀러 생산 강국이 되었다.

단백질 치료제로 가장 많이 거론되는 것 중 하나가 인슐린이다. 당뇨가 심한 환자는 인슐린 주사를 맞는다. 오래 전에 당뇨병 환자는 돼지의 췌장에서 인슐린을 추출하여 인체에 맞게 개량하여 치료제로 사용하였다. 이러한 인슐린은 돼지의 장기로부터 추출하므로 생산량에도 한계가 있고 값도 비쌌다.

인슐린은 구조상으로 단백질에 속하므로 화학 합성은 꿈도 못 꾸게 분자 크기가 크고 복잡하다. 그런데 유전자 재조합 기술의 개발로 인체용 인슐린을 대장균으로부터 생산하게 되었다. 이것이 소위 유전공학 혁명의 시작이다. 대장균으로부터 생산하니 필요한만큼 생산할 수 있고 가격도 저렴해졌다.

인슐린을 비롯한 수많은 단백질 치료제가 유전공학 기술로 생산되고 이것은 새로운 기업의 탄생을 가져왔다. 제넨텍 등 새로운 기업이 생겨나고 거대 제약회사도 인력을 충원하고 전문회사와 협력하기 시작하였다. 그렇게 개발된 제품이 인간성장호르몬, 인터페론, 인터루킨, EPO(erythropoietin, 적혈구생성촉진인자, 빈혈치료제) 등이다. 최근에는 항체의약품 등으로 영역을 넓히고 항암제, 자가면역질환 치료제, 골다공증 치료제 등으로 사용되고 있다.

지금까지 변화 발전해온 제약산업의 연장선상에서 보면, 현재의 추세는 과거에 비하여 혁명적이라고 할 수는 없다. 그러나 제약 산업의 성장속도가 높고(년 6.5% 정도), 규모가 매우 크고(2020년, 1조 5000억 달러 규모), 단백질 치료제 분야에서 바이오시밀러와 바이오베터라는 새로운 기회가 생기고 있다. 최근에는 세계적 이슈인 바이러스 질병의 백신과 치료제의 개발과 더불어 개인 맞춤형 의약이라는 새로운 개념이 등장해서 의약 바이오 산업 관점에서는 새로운 기회가 왔다. 특히 바이오 의약품의 세계 시장 규모는 2012년 1350억 달러에서 2020년 2500억 달러로 증가하고 있다.

단백질 치료제는 일반 단백질 치료제와 항체 치료제로 구분되는데, 향후 새로운 의약품 개발에 미치는 바이오기술의 기여도는 계속 증가할 것이다.

인간의 질병은 어떻게 치료할까? 외부에서 유해물질과 세균이 침입하면 우리 몸은 항체를 만들어 대응한다. 질병은 이러한 유해물질이 신진대사를 방해해서 생긴다. 그렇게 생각하면 우리 몸이 항체를 잘 만들도록 도와주거나 직접 항체를 투여하면 된다. 그래서 항체가 치료용으로 사용되기 시작하였다.

항체도 단백질이므로 화학적으로 합성은 거의 불가능하다. 오래 전에는 연구용으로 항체를 소량만 만들어 사용하였다. 쥐의 복강에 항원에 해당하는 물질을 주사하면 쥐는 이에 대항하는 항체를 만들어 낸다. 이 항체를 분리 정제하여 분석, 연구 등에 사용했다. 치료용 항체는 대량으로 필요하다. 대장균에 항체 유전자를 넣는 방법이 있으나 항체의 구조가 너무 복잡하여 제대로 된 항체 단백질이 만들어지지 않는다. 그래서 동물세포를 이용하는 방법이 개발되어 사용되고 있다.

CMO 비즈니스

글로벌 제약회사의 위탁을 받아 의약품을 생산하는 사업을 위탁생산회사, CMO(contract manufacturing organization)라고 한다. 전 세계 판매망을 갖고 있는 제약회사와 위탁생산회사CMO가 협업을 통하여 윈-윈 할 수 있는 방법이다. 임상연구 등 연구 협업을 하는 위탁연구회사, CRO(contract research organization)도 최근 많아졌다.

인슐린이나 인간성장호르몬 같은 단백질 치료제 주사를 매일 맞는 것은 매우 불편하다. 일주일이나 한 달에 한 번 주사를 맞거나, 환자의 상태에 따라 유연하게 주사를 맞는 것이 매우 중요하다. 주사 대신 패치를 붙이거나 복용하는 방법도 있다. 이와 같이 기존의 단백질 치료제의 복용/투여 방법을 개선한 것을 바이오베터Biobetter라고 한다. 바이오베터 기술도 약물 전달, 약효 향상 등의 방법이 사용되는 첨단 기술이다.

예를 들면 단백질에 PEG(polyethylene glycol)라는 고분자 물질을 결합시키면 단백질의 체내 체류시간을 늘릴 수 있는 장점이 있다. 그러면 주사 맞는 간격을 늘릴 수 있다. 바이오베터를 개발한 회사는 경쟁사의 제품보다 경쟁력이 좋고, 이것은 기업의 발전으로 연결된다. 우리나라에서는 한미약품 등이 이 분야를 선도한다. 기존 방식의 제품을 고수하면 장기적으로 시장을 잃고 기업은 문제가 생긴다.

최근에는 CMO의 영역이 단백질의약품 이외에도 세포치료제, 유전자치료제 생산 사업으로 영역을 넓히고 있으며, 대웅제약, 차바이오랩, 강스템바이오텍, 삼성바이오로직스 등이 참여하고 있다.

주목할 만한 제약 기업

화이자Pfizer는 세계 최대의 제약회사다. 2016년 매출액이 약 50조 원(465억 달러)으로 우리나라 큰 제약회사의 약 50배 규모다. 페니실린을 세계 최초로 대량 생산하였으며, 최근에는 비아그라를 탄생시켰고, 2020년에는 코로나 바이러스 백신을 개발하였다. 암젠Amgen(Applied Molecular Genetics Inc)은 1980년에 설립된 생명공학 분야의 벤처기업으로 EPO와 같은 단백질 치료제를 선도하는 등 활발한 연구개발로 2016년 세계 10위의 제약회사가 되었다. 거의 모든 제품이 바이오 의약품이다.

우리나라의 셀트리온Celltrion은 1991년에 설립되었다. 단백질 의약품의 연구, 개발과 제조를 주요 사업으로 하는 세계적인 바이오 의약품 위탁생산기업CMO이다. 최근에는 신약 개발, 화장품으로 사업 영역을 확장하고 있다. 삼성 바이오로직스Samsung Biologics는 2011년에 설립된 바이오 의약품 위탁생산기업이다. 삼성 바이오에피스Samsung Bioepis는 2012년에 설립된 바이오 복제약과 바이오 신약 연구개발 회사다. 셀트리온과 삼성 바이오로직스의 단백질 의약품 생산 시설 규모는 세계 최대로서 세계 1, 2위를 다투고 있다.

2.2 시급한 바이러스 백신과 치료제

코로나19 사태로 코로나 백신이 개발되어 2020년 12월부터 접종이 시작되었다. 백신 개발을 시작한지 1년도 되지 않아 실용화된 것이다. 이는 코로나 백신의 시급성 외에도 그 동안 축적된 바이오기술의 발달이 큰 역할을 한 것이다.

바이러스와 세균의 차이는 무엇인가? 세균은 생물이지만 바이러스는 생물과 무생물의 중간이라고 한다. 생물은 독립적으로 증식할 수 있고, 바이러스는 사람과 같은 숙주가 있어야 숙주의 세포에 침투해서 증식하므로 생물체는 아니다. 박테리아bacteria는 세균이고 일반적으로 곰팡이fungi와 효모yeast는 진균이다. 결핵, 탄저병, 흑사병 등은 세균에 의한 것이고, 천연두, 수두, 신종플루, 에이즈, 사스, 메르스, 공수병, 일본뇌염, 뎅기열 등은 바이러스가 원인이다.

바이러스는 종류에 따라 사람 또는 가축, 박쥐, 야생동물(사향고양이 등)을 숙주로 삼아 증식한다. 2020년 전세계적인 팬데믹(Pandemic, 감염병 대유행)은 코로나 바이러스가 원인이다.

1918년 스페인에서 발생한 독감은 2년간 전 세계에서 2500만 명 이상의 사망자를 냈다. 역사상 제일 많은 희생자를 낸 질병이다. 그로부터 100년이 지났으나 바이러스에 의한 질병은 여전히 우리를 공포에 떨게 한다. 사실 바이러스에 대해서는 상대적으로 모르는 것이 많다.

최근에도 바이러스 질병은 우리 사회를 공포로 몰아넣는다. 에볼라바이러스, 사스, 메르스, 지카바이러스가 그렇다. 에볼라바이러스

Ebola virus는 2014년 아프리카 기니에서 발생하여 세계를 공포에 떨게 했다. 사스SARS, Severe Acute Respiratory Syndrome는 중증급성 호흡기 증후군으로 2002년 겨울에 홍콩에 유행하여 7개월 동안 32개국에서 8000여 명의 환자가 발생하였고, 2013년 초에는 제2의 사스가 발생하였다. 사스는 걸리면 심한 열이 나고 기침을 하며 숨쉬는 것이 힘들다가 심각한 폐렴으로 발전해 죽음에 이를 수 있는 무서운 질병이다. 메르스MERS, Middle East Repiratory Syndrome는 코로나바이러스 Coronavirus에 의한 호흡기 감염증으로, 잠복기는 2~14일, 발열, 기침, 호흡곤란 증세, 치명율이 30~40%(사우디아라비아에서)이다. 국내에서는 2015년 5월 중동을 다녀온 내국인 1명이 확진 판정을 받은 후 엄청나게 전파되었다. 경제적으로도 6조 원 이상의 막대한 손해를 봤다. 2016년 브라질에서 보고된 지카바이러스는 지카바이러스에 감염된 모기에 물려 발생하는 감염성 질환으로 신생아 소두증의 원인이어서 브라질의 카니발 축제, 올림픽에 영향을 미쳤다.

2016년 겨울 한국에서 발생된 조류 독감AI, Avian influenza는 닭 등 가금류 3000만 마리 이상을 매몰 처분하는 끔찍한 결과를 초래하였다. 닭, 오리에 감염하는 조류인플루엔자는 사람에게도 감염이 가능하다. 구제역food-and-mouth disease은 소, 돼지, 양, 사슴 등 발굽이 둘로 갈라진 우제류에 속하는 동물에게 퍼지는 바이러스 감염병으로 치사율이 5~55%에 달한다. 2010년에는 우리나라에서 구제역에 걸린 소와 돼지를 300만 마리나 살처분하였다.

그래서 전세계는 인간과 직접적으로 관련된, 바이오 분야의 위험요인을 공유하고 있다. 에볼라 확산 방지를 위한 국제공조(2014), 항생제 내성세균 국가전략 수립(오바마정부, 2014), 메르스 사태(2014)

표 3.1 바이러스의 종류와 영향

대상	구분	바이러스	증세/질병
인간	전통적	노로바이러스	사람에게 장염을 일으킴. 특히 겨울철 식중독의 원인
		아데나바이러스	우리나라 여름 가을철에 영유아에서 유행하는 호흡기질환
		로타바이러스	장염을 유발하는 바이러스
	최근	사스, 메르스	호흡기 질병
		지카바이러스	신생아 소두증 원인
		에볼라바이러스	출혈과 열을 특징으로 하는 질병
		코로나 바이러스	호흡기 질병
동물	조류독감	닭, 오리, 새들이 걸리는 바이러스 전염병	
	구제역	소, 돼지 등이 걸리는 바이러스 감염병	

등 바이러스 관련 위험이 상당부분이다. 국가 안보security 면에서도 중요한 이슈다. 바이러스나 박테리아를 조작하여 새로운 질병을 일으키는 생물무기로 쓰일 수 있어서다.

바이러스 백신

백신은 미생물이나 바이러스 공격에 대비한 모의 훈련 개념으로 개발되었으며 프랑스의 미생물학자 파스퇴르가 처음 시작했다. 우리나라는 지석영이 천연두 종두를 개발하였다.

백신에는 약화된 세균, 죽은 세균, 세포벽 성분, 특정단백질 등이 있다. 약화된 세균이나 죽은 세균을 주사하여 몸에서 항체가 만들어지면 다음에 같은 세균과 바이러스가 침입하면 항체가 물리친다. 그런데 건강 상태가 나쁘거나 세균이 상대적으로 강하면 도리어 병에 걸린다는 안전성 문제가 있다. 그래서 세균과 바이러스의 세포벽 성분이나 특정 단백질을 주사하여 항체를 유도하는 백신도 있다. 인플루엔자, 특히 A형은 표면에 H형과 N형 두 단백질의 돌기가 삐죽 솟아난 형태인데, H형은 18가지, N형은 11가지가 있어 전체적으로 198가지의 변이가 가능하니 백신 개발이 어렵다.

문제의 바이러스 유전자(코로나 바이러스인 경우, 스파이크 단백질 유전자)를 떼어내 병을 일으키지 않는 다른 바이러스에 주입하여 사용하는 방식도 있다. 아스트라제네카AstraZeneca의 백신이 이런 방식으로 제조되었다. 바이러스 특정 부위의 RNA를 유전체에 넣어 몸에 접종하는 새로운 방식도 있다. 이러면 인체가 RNA로부터 항원 역할을 하는 단백질을 합성해서 항체 생성을 유도한다. 화이자Pfizer, 모더나Moderna 의 방식이다. 돌기부분 유전자를 동물세포에 넣어 배양하여 백신을 만들어 인체에 주입하는 방식은 노바벡스Novavax가 사용했다. 돌기부분을 항원 개념으로 생각하여 백신을 만드는 경우는 돌기에 새로운 변이가 생기면 백신효과가 감소할 수 있다. 그래서 최근에는 이러한 잠재적 문제를 해결하기 위한 다양한 방법이 연구되고 있다.

이러한 백신 기술의 진보는 향후 암에 대한 백신 개발 등에 활용될 수 있고 백신 시장은 더욱 커질 것이다. 백신으로 암을 예방한다면 얼마나 좋을까? 현재도 일부 암은 백신이 개발되었다. 암 백신 개발은 인류의 꿈이다.

기본은 바이러스의 진단이다. 빠르고 정확하고 비용도 저렴해야 한다. PCR방법으로 유전자를 증폭시키는 방법, 특정 RNA가 형광을 띄게 하는 방법, 유전자 가위로 RNA를 잘라 그것을 측정하는 방법 등이 있는데 우리나라 기업들이 이 분야에 뛰어나다.

바이러스의 진단, 백신, 치료제 개발은 전지구적 이슈다. 독감 백신은 그 해 유행될 바이러스의 특성을 예측하여 만들었다. 실제 창궐한 바이러스가 예측과 다를 수 있고 그러면 환자가 더 늘어도 어쩔 수 없었다. 이제는 바이러스에 대한 심도있는 연구가 필요하다. 바이러스에 변이가 생겨도 막아낼 수 있는 효과적인 백신과 치료제를 개발해야 한다. 세계보건기구WHO, World Health Organization 등의 국제기구와 제약기업의 연구 과제다.

바이러스와 산업

미국에서는 1년에 5만 명 정도가 플루flu 관련 질병으로 사망한다. 바이러스 질병 예방 백신은 해마다 변종을 예상해서 개발하는데, 예측하기도 어렵고, 백신 생산까지 6개월 정도 필요하다. 예상보다 백신 수요가 많거나 적을 때도 문제다. 매년 세계보건기구는 제일 위협이 되는 인플루엔자 바이러스의 유형을 예측해서 백신을 생산하도록 하는데, 예측이 항상 맞는 것은 아니다. 예를 들면 2014~2015년 겨울에 환자가 많았는데, 예측을 잘못해서다. 유형에 관계없이 작용하는 만능 백신 개발이 꿈이다. 크루셀Crucell사, 바이오앤드백스BiondVax사, 이뮤텍스Imutex사 등 많은 제약회사 관련 벤처회사가 도전하고 있다.

지카바이러스는 1940년대 우간다에서 보고된 후 최근까지 인간

감염은 거의 없었다. 그러나 최근 갑자기 큰 문제가 되었다. 임산부를 통하여 태아에게 소두증을 일으킨다는 사실이 확인된 것이다. 브라질에서 황열병과 뎅기열은 백신이 개발되었는데, 지카바이러스는 아직 백신이 없다. 감염이 보고된 후 여러 기업과 대학, 연구소가 백신 개발에 나섰다.

이노비오 파마Inovio Pharma 등은 지카바이러스의 표면에서 발견되는 단백질 관련 백신을 개발하고 있다. DNA 기반의 백신을 맞으면 우리 몸이 단백질을 만드는데 그 단백질에 면역을 갖게 된다. 이 면역으로 지카바이러스에 대항할 수 있다는 원리다. 사노피 파스퇴르Sanofi Pasteur 등은 활성이 없는 지카바이러스(죽은 바이러스 개념)를 백신으로 사용하려고 연구 중이다.

백신 시장은 471억 달러(2015)로 추정되는데, 5개 글로벌 제약회사 지에스케이GSK, 사노피 파스퇴르Sanofi Pasteur, 머크MERCK, 위스Wyeth(Pfizer), 노바티스Novartis가 백신 시장의 약 80%를 차지한다. 국내 시장은 6억 달러 수준이다.

백신을 생산하는 제약 회사는 많다. 오래 전에 CJ제일제당은 유전자 재조합기술을 이용한 간염 백신 제조공장을 미얀마에 건설해 주기도 하였다. 특히 바이러스 백신인 경우, 녹십자는 달걀을 이용하여, SK케미칼은 세포 배양을 통하여 각각 화순과 안동에서 생산하고 있다.

바이러스 치료제 개발도 중요한 이슈다. 지금까지 다양한 바이러스 질병 치료제가 개발되어 사용되고 있지만, 새로운 바이러스나 변이 바이러스는 새로운 치료제가 필요하다. 치료는 기본적으로 화학의약품을 사용하거나 항체를 주입한다. 최근의 코로나도 항체치료제가 개발되고 있는데 그 수요가 글로벌하다.

바이러스 - 해결해야 할 과제

바이러스는 끊임없이 변화한다. 바이러스의 변이를 정확히 예측하고 대책을 세워야 하는데, 아직 인간의 지식과 지혜가 거기까지는 미치지 못하고 있다. 백신의 효능도 평생 가면 좋을텐데, 한시적이다. 우리는 아직 바이러스에 대해 모르는 것이 너무 많다. 2021년에는 바이러스 표면에 있는 돌기 스파이크 단백질을 대체할 바이러스 중심부에 있는 표적 단백질을 이해하기 시작했다. 백신 생산과 치료에 획기적인 발전이 이루어질 것으로 기대된다. 바이러스에 관련된 연구와 적용은 인류의 과제다.

아시아, 아프리카에는 산길을 2~3일 걸어야 하는 오지가 많다. 이곳에 백신 등 의약품을 어떻게 운반할까? 설상가상으로 기온도 높다. 백신은 냉장상태로 운반, 보관하지 않으면 변성되어 약효가 없다. 백신을 저온으로 운반, 보관할 수단이 없어서 백신을 못 맞기도 한다. 그래서 태양에너지를 이용한 가방형 냉장고, 자동차로 갈 수 있는 곳은 자동차 배터리에 연결하는 냉장고 등을 개발하여 보급하기 시작하였다. 네팔에서는 사회적 기업인 엔젤 스윙Angel Swing 사가 드론을 이용하여 백신, 주사기, 의약품 등을 전달하고 있다. 백신을 맞으면 기록도 되어야 하는데, 이 문제도 오지에서는 잘 이루어지지 않았다. 최근 스마트폰으로 간단하게 기록하는 방식이 개발되어 현지 지도자나 관계자에게 전달되고 있다.

국제백신연구소

서울대학교 후문에는 국제백신연구소IVI, International Vaccine Institute가 있다. 전세계적 백신 문제, 가난한 나라의 백신 문제를 해결하기 위해 UN이 설립한 국제기구다.

특히, 개발도상국에서의 장내 감염, 호흡기 감염, 홍역 등 전염성 질환으로 인한 어린이들의 사망과 장애를 줄이기 위한 목적으로 설립되었다. UN 산하 기구이므로 치외법권이 인정된다. 1990년대 초 유엔개발계획UNDP이 설립을 주도했다. 여러 국가가 유치를 위하여 경쟁하였는데 1994년 우리나라가 유치하였다. 1997년 10월에 비영리 국제기구로 설립되었다. 백신의 연구, 개발, 보급사업 등을 하고 있으며, UN, 우리나라 정부, 빌 게이츠 재단 등이 지원하고 있다

2.3 새로운 건강 지표 장내미생물

미생물의 90%는 대장을 포함한 소화기관에 있지만, 호흡기, 생식기, 구강, 피부 등에도 널리 분포한다. 배변활동은 물론 중요한 면역작용에 관여하여 뇌 행동 발달 조절 등의 신진대사에 영향을 미친다. 인체 내 미생물은 탄수화물, 섬유소의 분해, 흡수뿐 아니라 장내에서 아세테이트acetate, 프로피오네이트propionate, 뷰티레이트butyrate와 같은 대사산물을 생산하는데 이 대사산물이 직간접으로 인체 신진대사에 영향을 미치기 때문이다. 이러한 장내 미생물에 대한 이해는 건강기능성식품, 치료제의 개발로 연결되고 있다.

얼마 전까지만 해도 장 건강을 위하여 야채를 많이 먹고 필요하면 유산균을 섭취하거나 유산균 성장에 좋은 올리고당 등을 섭취하였다. 장에는 유익한 균(장내유익균)과 해로운 균이 있고 장내유익균의 성장을 도와주는 유산균제제, 요거트, 올리고당 등을 섭취하면 좋다는 정도였다. 최근에는 인체 미생물체human microbiomics 기술이 주목받고 있다. 연구를 통하여 장을 포함해 우리의 인체에서 미생물이 만들어내는 대사산물이 우리 몸의 다른 부위에도 영향을 미치고 질병과도 연계된다는 것을 알았다. 장내에 어떤 특정 미생물이 많으면 비만으로 연결되고, 어떤 미생물이 많으면 치매로도 연결될 수 있다는 연구 결과가 나왔다. 인체 미생물체에 관한 연구가 크게 각광받기 시작했다. 2008년 국가간 협력과 연구성과의 공유를 위해 '국제 휴먼 마이크로바이옴 컨소시움International Human Microbiome

Consortium'을 구성하여 활동하고 있다. 미국 NIH[16]에서는 '인간 마이크로바이옴 프로젝트Human Microbiome Project'를 진행중이다. 인체 내에 존재하는 세균 등 미생물의 거동을 이해함으로써 암, 장 활동, 알레르기 등과 연계시킬 수 있고 질병의 예방과 치료에 대한 아이디어도 제공할 수 있다.

비만과 마이크로바이옴 관련 연구도 그 중 하나다. 특정 미생물군이 지방산을 생성하는 것을 이용하여 지방축적을 줄일 수 있는 방법과, 생물정보학과 연계하여 미생물 군집과 질병과의 관계를 연구하고 있다. 향후 대사증후군인 비만, 당뇨, 고혈압, 면역질환인 아토피 피부염, 알레르기비염, 정신/신경성질환인 우울증, 치매 등의 질병 치료에 활용될 것으로 기대된다.

우리 몸에 유익한 미생물이 살기 좋은 환경을 형성하기 위한 식품, 치료법 등이 개발되고 있다. 우리는 서로 유전인자가 다르므로 인체미생물체 분야에도 개인 맞춤형이나 유형별 식품과 치료방법 개념이 등장할 것이다. 최근에는 관련 기업에서 마이크로바이옴 기반 개인 맞춤형 헬스케어 프로그램도 제시하고 있다.

질병은 유전적 요인 외에도 환경적 요인이 작용하므로 식이요법과 생활 습관 조절로 질병의 예방과 치료를 기대하는만큼 다양한 제품화 방식이 개발되고 있다. 개인차를 무시하고 단일 방식을 고집하는 대신 개인 체질 등을 몇 유형으로 분류하여 맞춤 식이요법, 제품화하는 방향으로 갈 것이다. 예를 들면 우리 몸의 장내 환경을 3개로 구분하여(P형-프리보텔라가 많다, B형-박테로이데스가 많다, O형-염증유발균이 많다.) 장내 환경에 따라 식이요법, 마이크로바이옴

16 NIH : National Institute of Health, 미국국립보건원

제품을 제공한다. 체내에서 건강에 좋은 효과가 있는 유용미생물인 프로바이오틱스는 국내에서 19종이 인정되었는데, 지금까지는 주로 장 건강 관련이다.

세계 시장은 2019년 811억 달러, 2023년 1087억 달러로 급성장하고 있다. 향후 다양한 활용방안이 강구되면 장내미생물 시장은 급속하게 증가할 것이다. 몇 가지 질병에 대한 치료 효과가 시험 중이고, 프로바이오 균주의 항균 효과, 슈퍼박테리아 생육억제 효과 등이 규명되면 건강기능성 식품과 미생물 신약으로 개념이 바뀔 것이다. 건강 유익 장미생물은 그 자체로도 의약품으로서 가치가 있어 제약회사 등에서 많이 연구하고 있다. 우리나라에서도 건강기능식품 차원에서 연구가 시작되었다. 배변은 물론 아토피, 다이어트, 치매, 지방간염, 동맥경화, 대장암, 당뇨 등과 연계된 제품의 개발과 화장품에의 응용은 시장을 더욱 키울 것이다.

미생물의 증식

미생물에는 박테리아, 곰팡이, 효모 등이 있고 증식 방법도 종류에 따라 다르다. 예를 들면 대장균, 고초균, 유산균과 같은 박테리아는 온도, 영양분 등 환경이 좋으면 세포 하나가 두 개가 되고 두 개는 다시 네 개가 된다. 증식 속도가 빠른 것으로 알려진 대장균은 20분에 한 번씩 증식한다. 200분이면 10번 증식하여 1개의 세포가 1024개가 되고 다시 200분이 지나면 100만 개가 된다. 또 200분(처음부터 10시간)이 지나면 10억 개로 증식한다. 그래서 깨끗한 물에 세균이 들어가면 하룻밤 동안 물이 뿌옇게 된다.

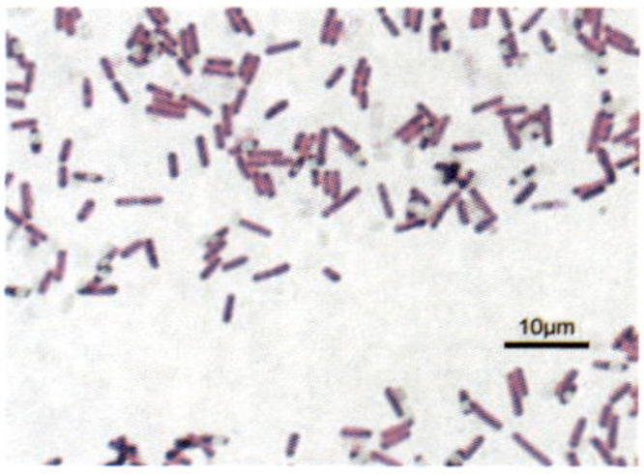

현미경으로 본 고초균 (Bacillus)

3. 바이오화학

옛날에는 석탄에서 에너지와 화학소재를 얻었다. 석탄화학이라고 한다. 그러다가 석유가 개발되고 사용되면서 석유로부터 에너지와 화학소재를 만드는 것이 경제적이기 때문에 석유화학의 시대가 되었다. 현재 인류문명과 지구환경을 생각할 때 제일 심각한 이슈 중 하나는 이산화탄소에 의한 지구 온난화다. 이산화탄소는 석탄이나 석유에서 얻는 에너지나 소재를 연소시킬 때 많이 발생한다. 어떻게 하면 이산화탄소 발생을 줄이느냐가 인류가 당면한 심각한 문제의 하나다. 대안으로 등장한 것이 바이오화학이다. 20년 전에는 기술이 별로 개발되지 않아 바이오매스[17] 자원에서 에너지와 화학 소재를 생산하는 것은 꿈같은 이야기였다.(그림 3.10)

바이오화학의 발전에는 3가지 요인이 있다. 바이오기술의 발전, 이산화탄소 감축 필요성, 장기적인 원유 공급 제한이다. 그 동안 바이오기술의 진보와 지구 온난화의 대안 등으로 바이오화학은 현실이 되고 있다. 몇 바이오화학 제품은 이미 실용화되었고 많은 제품이 실용화를 기다리고 있다. 다양한 바이오에너지가 연구 개발되고 있다. 지구온난화의 주요인으로 알려진 이산화탄소는 배출권으로

17 바이오매스biomass : 동물, 식물, 미생물로부터 유래되는 생물체. 재생가능한 식물자원인 풀, 농작물도 바이오매스에 해당한다.

거래되기 시작하면서 바이오산업을 이끌어가기 시작하였다.(그림 3.11)

전통적인 산업바이오[18] 분야는 이슈가 많다. 우리나라에서 세계 최고 수준의 기술을 개발하여 많이 수출하는 아미노산, 핵산과 같은 미생물발효 제품 등도 지속적인 발전을 위해서는 중요하다. 미생물 발효에 의하여 젖산lactic acid 등 바이오화학의 출발 물질이 생산되고 있다.

그림 3.10 에너지 화학소재 패러다임의 변화

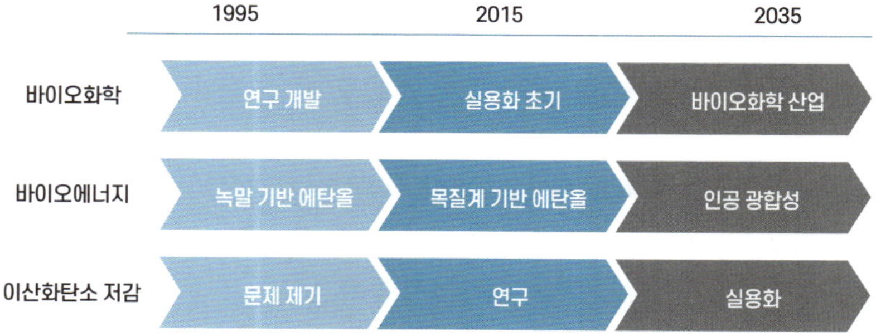

그림 3.11 바이오화학기술의 변화

18 산업바이오industrial biotechnology : 바이오기술을 이용하여 소재, 발효 제품등을 만드는 바이오 분야. 바이오화학, 바이오에너지, 다양한 발효제품 등을 포함한다.

최근 연구개발이 집중되고 산업 파급력이 커지는 바이오화학 소재, 바이오에너지 그리고 이산화탄소 저감과 관련되는 환경 이슈를 살펴보자.

3.1 지구를 살리는 이산화탄소 저감

현재 기온은 1900년보다 0.74도 상승하였는데, 2100년에는 1.1~6.4도까지 상승할 것으로 예측된다. 그러면 북극에서 얼음이 사라진다. 지구의 기온이 1.5~2.5도 상승하면 생명체의 30%가 멸종 예상된다. 지구온난화는 심각한 이슈다. 지구의 온도를 1900년보다 2도 이내로 낮추어야 지구온난화가 더 이상 진행되지 않는다고 한다. 2도 목표를 달성하려면 지구 원유 매장량의 1/3, 가스 매장량의 1/2, 석탄 매장량의 80%를 사용하지 말아야 한다. 이는 인류의 생존과 직결되는 심각하고 중요한 사항이다. 에너지와 소재를 만드는 방법에 변화가 와야 한다. 에너지는 새로운 에너지로, 소재는 바이오 기반으로 만들어야 한다.

환경에 대한 이슈는 대표적으로 1970년대 로마클럽보고서에서 제기되었다. 프레온 등에 의한 지구 오존층 파괴, 이산화탄소 등에 의한 지구온난화, 물 부족 등 다양하다. 그 중에서 지구오존층 문제는 프레온가스를 다른 것으로 대체하기 시작하면서 위기는 넘겼다. 물 부족 문제는 해수담수화, 빗물 활용 기술과 물 절약 기술의 발전과 물 사용 감소 문화 확산 등으로 해결의 방법이 보인다. 지구온난화 방지를 위한 파리기후변화협약이 2016년 11월에 발효되었다. 지구 평균기온 상승을 1.5도 이내로 줄이는 것이 목표다. 지구온난화 이슈는 각 나라의 이기심과 기술 부족으로 해결의 가능성이 매우 낮았다. 그러나 2020년을 지나면서 10년 이내에 해결하지 못하면 엄청난 재앙이 올 것이라 인식한 많은 나라가 탄소중립 정책을 발표하면서 해결의 방향으로 움직이기 시작하였다.

이산화탄소 배출 저감 - 새로운 산업

단순한 지구 환경 보전 차원이 아닌 인류 생존을 위해서 기후변화 문제를 해결하여야 한다. 기후변화의 주범은 이산화탄소다. 어떻게 이산화탄소 발생을 줄일까? 이산화탄소 발생을 줄이거나 발생한 이산화탄소를 포집하여 영향력을 약화시키거나 이산화탄소를 다른 것으로 변환시킨다.

이산화탄소로 대표되는 온실가스는 발전소, 자동차, 그리고 공장에서 배출된다. 그러므로 이산화탄소를 배출하지 않는 에너지 생산, 자동차, 이산화탄소 배출을 줄이는 생산 공정, 나무 심기 등이 주 해결 방법이다. 화석연료와 에너지의 사용을 줄이면 이산화탄소의 발생은 감소한다. 이산화탄소를 고형화시켜 동굴이나 해저에 보관하는 방법도 중요하다. 발생한 이산화탄소를 환경에 무해하거나 우리에게 유용한 것으로 변환시키는 방법도 의미 있다. 나무를 심어 지구상의 이산화탄소를 광합성에 이용하는 것이 시작이다. 이산화탄소로 조류algae를 배양하는 연구도 많이 진행되고 있다. 이산화탄소를 이용하는 인공광합성은 과학기술의 종착역이 될 것이다. 아직은 연구 초기 단계라 구현은 멀었지만 과학자라면 인공광합성 구현이

꿈일 것이다.

원자력발전, 스마트원자로, 핵융합, 신재생에너지가 개발되고 있다. 하이브리드 자동차, 전기자동차, 수소차가 등장하고 있으며 선박용 에너지로 암모니아를 연료화하는 방법이 개발되어 시험 운항 예정이다. 다양한 방법이 소개되고 있는 것이다.

이산화탄소의 발생을 줄이는 다른 방법으로 바이오매스 자원에서 바이오에너지와 화학소재를 만드는 바이오화학 기술이 개발되어 실용화되고 있다. 이산화탄소로부터 포름산(개미산, formic acid)을 만들거나, 탄산칼슘 생산, 메탄을 합성하려는 연구가 진행 중이다. 석유를 사용하지 않는 바이오화학도 본격 성장 단계에 들어섰다. 약간의 인센티브만 제공되면 여러 기술의 실용화가 앞당겨지고 이는 지구온난화 해결에 한몫 할 것이다.

연구 사례

이산화탄소는 물론 메탄가스와 일산화탄소는 산업계에서 저렴한 가스인데 이것을 활용하는 기술은 매우 제한적이다. 최근 들어 미국, 일본의 연구소와 대학에서는 우수한 연구 성과가 나오고, 우리나라에서도 정부와 기업이 연구에 투자하여 우수한 연구 결과가 소개되고 있다.

2020년에는 일산화탄소로부터 화학소재로 많이 사용되는 개미산을 합성하여 현재 시범공장에서 테스트중이다. 이를 위하여 단백질공학 기술을 이용하여 효소를 개량하였다. 또 다른 국내 연구팀은 새로운 촉매를 개발하여 이산화탄소로부터 폴리우레탄의 원료가 되는 '프로필렌 카보네이트'를 만들었고, 이를 원료로 화장품 쿠션과 건축용 단열재에 사용되는 폴리우레탄 소재를 만드는 기술을 개발하였다. 메탄은 온실가스의 주요 성분이다. 메탄은 지구온난화지수가 이산화탄소의 84배 이상이다. 국내 연구팀은 메탄과 이산화탄소 모두를 사용할 수 있는 미생물(메탄자화균)을 만들었다. 메탄을 알코올, 유기산, 올레핀 등의 고부가가치 산물로도 만들 수 있다. 예를 들면, 식품과 사료의 재료인 라이신과 나일론의 원료인 카다베린을 생합성할 수 있다. 이러한 연구 결과는 향후 실용화를 위한 기술 향상, 시범 공장 건설 등의 단계를 거쳐 실용화 될 것이다.

발생		대책
공장	···›	이산화탄소 포집, 저장, 소재로의 변환
자동차	···›	전기 자동차, 수소 자동차, 바이오 에너지
발전소	···›	새로운 에너지 – 안전한 원자력, 핵융합, 인공광합성, 경제성있는 신재생에너지
석유화학	···›	석유 대체하는 바이오화학, 생분해성 플라스틱
가축, 농업	···›	인공육, 나무심기 (열대우림 지키기), 해양바이오매스 키우기
생활	···›	생활에서 에너지, 자원 절약, 재순환

그림 3.12 이산화탄소 이슈에서 벗어나는 방법들. 여러 방법이 동시에 적용되어야 효과가 있다. 에너지 절약, 청정에너지 사용, 대체에너지 개발, 열대우림 지키기, 이산화탄소 활용 등이 중요하다.

인구가 90억이 되면 중산층이 증가하고, 고기 소비량은 2배로 증가하고, 이에 따라 콩 등 사료 소비량은 그 이상으로 늘어날 수 있다. 사료용 식물 재배와 가축을 키우는 과정에서 엄청난 양의 이산화탄소가 배출된다. 이산화탄소 배출을 줄여야 한다.

인공육을 만드는 것이 한 방법이다. 콩으로 고기단백질을 만드는 것이 중요하다. 사실 콩으로 만든 인공육은 나온 지 오래지만 초기에는 콩 맛이 남아 있는 등 문제가 있고 수요가 적었다. 이제는 맛 등에서 고기에 가까워져 활용이 기대된다. 최근에는 바이오기술로 인공육을 만드는 기술이 연구되고 있어 머지않아 진짜 고기 맛을 가진 인공육이 팔릴 것이다. 새로운 산업이면서 이산화탄소 감소에도 크게 기여할 것이다.

이산화탄소 저감 이슈의 하나는 선진국과 저개발, 개발도상국의 입장이 다르다는 점이다. 개발도상국은 빠른 경제 성장을 원하니 이산화탄소가 배출될 수밖에 없고, 선진국은 오랫동안 배출했으면서 지금 와서 개발도상국에게 이산화탄소 배출을 줄이라는 것은 형평원칙에 맞지 않다는 것이다. 여기에 UN의 역할이 있다. 교토 협약, 파리 협정으로 이산화탄소 배출을 저감해서 지구온난화를 막으려고 애쓰고 있다. 그런데 지구온난화 속도를 늦추는 정도지 역부족으로 느껴진다. 보다 과감한 정책과 경제적 수단이 필요하다.

새로운 비즈니스: 이산화탄소 배출권

어떻게 하면 이러한 흐름과 변화를 가속해서 지구온난화 문제를 해결할까? 자원 절약, 기술 개발, 산업화 촉진이다. 그래서 이산화탄소를 거래하기 시작하였다. 이산화탄소 배출이 적은 제품을 우대해주고 세제 감면 등의 인센티브를 주는 정책적 접근도 시작되었다.

각국 정부가 매년 이산화탄소 등 온실가스 배출 총량을 정한 뒤, 기업별로 배출권을 배정하고 모자라는 기업은 남는 기업에서 사서

쓰는 제도다. 배출권 거래 시장은 2005년 유럽연합이 처음 개설한 이후 계속 확대되고 있다. 전세계적으로 2020년에는 4000조 원(3조 5천억 달러) 규모의 시장으로 추정하고 있다. 세계 배출권 시장은 현재 EU가 주도하고 있다. 향후 미국과 중국이 최대 시장으로 부상할 전망이다. 국가별, 지역별로 거래하고 있지만, 국가가 통합하거나 연계하여 시장 규모를 키우려고 한다. 우리나라는 2015년 프랑스 파리에서 열린 UN기후변화협약 당사국 회의에서 2030년 배출 전망치에서 37%를 줄이겠다고 했는데, 이는 2000년대 중반 수준이다. 관련 기업은 단기적으로 부담이 되겠지만 장기적으로는 새로운 기회가 생기는 것이다.

최근에는 개발도상국의 식수에까지 이산화탄소 배출권이 허용되고 있다. 개발도상국은 대부분 식수용 물을 끓이는 데 나무를 쓴다. 목재를 태우는 과정에서 이산화탄소가 많이 배출되는데, 다른 방법으로 식수를 만들면 그만큼 이산화탄소 배출이 줄어드니 이를 인정해주는 제도다. 이미 방글라데시 등 몇 국가에서는 인정되고 있다. 이 방법은 새로운 비즈니스로 연결되어 활용되기 시작하였다.

물론 이산화탄소 배출을 줄이는 경우의 인센티브, 관련 제품의 수요 촉진을 위한 세제 감면, 우선 구매 제도 등의 정책도 계속 유지되고 확대되어야 할 것이다.

우리나라의 온실가스 배출은 세계 10위권에 든다. 그러나 국제 환경단체 유럽기후행동네트워크CAN Europe와 독일 민간연구소 저먼워치가 공동 발표한 2017기후변화이행지수CCPI, Climate Change Performance Index에 의하면 한국은 58개국 중 최하위 수준이라고 한다. 바이오화학, 바이오에너지, 이산화탄소 배출권시장 확대정책 등을 통하여 불명예를 벗어나야겠다.

3.2 석유화학 소재 대체 바이오화학 소재

1980년대 일본 니또보Nittobo 기업의 아크릴아마이드 생산은 획기적이었다. 당시에는 대부분의 화학소재 생산을 석유화학이 담당했는데 바이오기술로 벌크 화학제품bulk chemicals을 생산한 것이다. 2010년 이후 외국의 큰 화학 회사들이 숙신산, 젖산, 부탄올, 이소소바이드Isosorbide 등을 생산하거나 생산할 계획이고, 우리나라도 실용화를 앞두고 연구개발 중인 화학소재가 여럿 있다. 과거 유가가 하락하여 다소 주춤하였지만, 최근 다시 오르고 있고, 지구 환경을 생각하면 바이오매스로부터 화학 소재를 얻는 바이오화학은 선택의 여지가 없는 방법이다.

바이오매스 자원으로부터 화학 소재를 생산하는 방식은 새로운 것은 아니다. 100년 전에는 미생물을 배양하여 아세톤/부탄올을 생산하였다. 그러다가 석유로 만드는 것이 저렴해서 현재는 석유화학적 방법으로 수많은 화학 소재를 생산한다. 저자가 1990년에 미국 델라웨어의 듀폰 중앙연구소를 방문했을 때 그들은 이미 바이오기술로 화학 소재를 만드는 연구를 하고 있었다. 그런 노력이 모여 2000년대에 듀폰은 바이오기술로 1,3-PDO(1,3-propanediol)를 생산하고 이것으로 새로운 섬유/카페트 등을 생산하고 있다.

곡물기업으로 알려진 미국의 카길Cargill도 젖산을 생산해서 이것

1994년	Genencor와 Dupont이 1,3-PDO (Propandiol) 공동 연구를 시작
2000년	Tate & Lyle*과 Dupont 합작회사
2002년	시범 공장 (Demo plant) 건설
2006년	년 45,000톤 규모로 생산 시작
2011년	년 65,000톤 규모로 증설

* 네덜란드의 바이오기업. 옥수수 가공 사업을 하므로 원료 조달 용이

으로 폴리락타이드PLA라는 고분자 제품을 생산한다. 애초에 공장을 연 14만 톤 생산 규모로 크게 건설하여 초기에 수익성이 낮았으나 몇 년 지나지 않아 세계적으로 수요가 크게 증가하면서 세계 시장에 독점 판매로 큰 수익을 올렸다. 이 기술의 핵심은 미생물에 필요한 유전자를 넣고 전체 대사작용을 최적화시키는 소위 대사공학이다.

LG화학은 2019년 미국의 ADM(세계 4대 곡물 메이저 회사)과 옥수수 기반의 기저귀 원료 등으로 사용되는 이크릴산 양산 기술 공동 개발 계획을 발표하였다. 이것은 친환경기술로서 석유화학유래 제품을 대체하는 것이다. 원료 면에서 강점이 있는 ADM과 바이오기술이 강한 LG화학이 미국시장을 타겟으로 협력하는 것이다.

바이오화학 시장 규모

지난 20년 동안의 기술 진보는 이러한 바이오화학을 현실로 만들고 있다. 바이오화학으로 다양한 화학 소재가 생산되고 사용되며, 수많은 소재에 대한 연구가 진행중이다. 20년 후는 지금과 다른 세상일 것이다.

미국의 바이오화학 산업은 2014년 3900억 달러의 경제 효과와 420

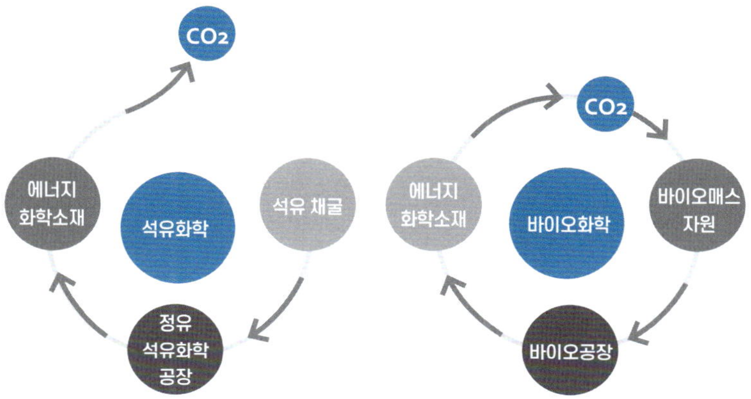

그림 3.13 바이오화학으로 패러다임의 변화

만 명의 일자리 창출에 기여했다는데, 통계의 범위가 명확하지 않지만 파급효과는 매우 크다. 현재 화학제품 생산에서 바이오기술의 생산 비율은 미미하나 2030년경 바이오기술의 생산 기여 비율은 35%, 2200억 달러 수준으로 예측된다.

숙신산succinic acid은 DSM과 로켓 회사가 합작하여 생산하고, 3-하이드록시프로피온산(3-hydroxypropionic acid)은 카길Cargill과 노보자임Novozyme이 관심을 갖고 있다. 또 바이오디젤 생산 과정에서 나오는 부산물인 글리세롤을 이용한 다양한 화학 소재 생산도 중요한 이슈로, 프로필렌 글리콜propylene glycol 등을 생산할 수 있는 화학소재다.

어린이용 완구 제품 등에 많이 사용되는 PVC 등의 플라스틱 제품에 가소제로 사용되었던 DOP의 원료인 무수프탈산은 발암성이 의심되어 사용이 금지되었다. 이러한 추세를 예상한 기업은 무해한 가소제 개발에 예산을 투입하였고, 그 결과 이소소바이드isosorbide를 생산했다.

고기능성 플라스틱 원료로 사용되는 1,4-부탄디올(1,4-butanediol)은, 현재 석유를 원료로 고온, 고압에서 생산되고 있으나, 바이오자원으로 상온 상압에서 동일한 제품을 만들 수 있으므로 에너지가 절약되고 이산화탄소 발생이 적어 유리하다. 따라서 바이오기술로 생산하면 엄청난 수요와 파급효과가 예상된다. 핵심 기술은 역시 미생물의 기능을 설계하는 대사공학기술이다.

이러한 예는 바이오유래 중간체 화합물building block로서, 그 자체로도 쓰이지만, 중요한 여러 화합물을 합성하거나 플라스틱을 만들 수 있다. 최근 세계적인 원유가 하락으로 바이오유래 중간체와 제품의 경쟁력이 낮아졌으나, 이것은 정치적인 이유와 셰일 가스shale gas와의 경쟁 때문인 것으로 추측된다. 유가가 다시 상승하면서 몇 년에 걸친 가격 경쟁은 끝난 것 같다. 유가가 종전의 가격 수준을 유지한다면 바이오유래 화학제품의 개발과 실용화는 촉진될 것이다.

미국과 영국 등은 잠재적 시장 규모, 수익성, 실현가능성 등을 고려하여 여러 케미컬을 후보군으로 삼고, 다시 정밀한 분석을 통하여 주요 케미칼 목록을 제시하였다. 표3.3은 최근 실용화되었거나 중요

표 3.3 바이오화학 기술로 생산 가능한 주요 중간체

중간체	비고
젖산	여러 기업이 상업화
이소프렌	시범공장 운영
숙신산	상업화
폴리아마이드	상업화
1,4-부탄디올	상업화 근접
도데칸디오산	경제성 뛰어남
퓨란디카르복실산	상업화 근접
1,5-펜탄디아민	상업화
11-아미노운데칸산	상업화
감마-부티로락톤	상업화 근접
테트라하이드로퓨란	상업화 근접

하게 고려되는 중간체를 보여준다.

소재 생산은 단기적으로 경제성이 있어야 한다. 최근 셰일 가스에서 메탄, 에틸렌 등을 얻어 폴리에틸렌PE 등의 고분자 화합물을 생산하는 기술이 관심을 끌고 있다. 원유 가격이 저렴하여 석유화학공장에서 생산되는 소재나 셰일 가스로부터 얻는 소재가 경쟁력을 가진다. 그러나 바이오매스를 촉매/열 분해하여 에틸렌, 프로필렌을 얻는 신기술이 등장함으로써 소재도 다양해지고 있다. 여기에 지구 환경을 생각하는 탄소세 등의 제도가 도입되면 바이오자원에서 소재를 생산하는 산업은 크게 성장할 것이다. 지구 환경을 생각하면 지금까지 사용해온 소재에만 의존할 수 없다.

국내에서는 GS칼텍스가 부탄올 시범 공장을 건설하였고, 창해에탄올, 대상과 협력하여 2,3-부탄디올(2,3-butandiol), 피롤리돈pyrollidone, 나일론 원료, 에탄올을 생산하는 바이오콤비나트biocombinat 시범 공장을 건설하였는데, 여기에는 피롤리돈에서 바이오나일론을 생산하는 부분도 포함된다. 이는 새로운 나일론 고분자 생산 가능성을 보여준다.

삼양사는 이소소바이드isosorbide 생산에 성공하였으며, SK이노베이션은 이산화탄소로부터 폴리카보네이트polycarbonate를 개발하였고, 제일모직은 폴리락타이드 관련 기술, 바이오기반 나일론 생산 기술을 개발하였다. 이 외에 LG화학, 한화종합화학, 롯데케미칼 등 석유화학회사가 이 분야의 사업을 시작했다.

대상, CJ제일제당, 창해에탄올 등 전통 발효회사들은 미생물 발효기술을 이용하여 바이오화학 중간체 생산 기술을 개발하고 있는데,

발효회사 입장에서는 중간체를 활용하고 화학회사는 중간체를 확보하는 것이 중요하여 발효회사와 화학회사의 협력이 중요하다.

바이오화학 촉진 인센티브

바이오화학은 이산화탄소 저감을 고려할 때 피할 수 없는 메가트랜드다. 그러나 석유화학제품과 경쟁하여야 하는데, 아직 개발 초기단계라 경쟁이 쉽지 않다. 이산화탄소 저감이 인센티브로 작용하거나 정부와 공공단체가 친환경 제품 소비를 촉진하는 우선구매제도, 세제혜택 등을 시행한다면 바이오화학의 발전 속도는 빨라지고, 지구환경에도 기여할 것이다.

지금까지는 원유를 생산하는 나라가 원유 판매 수입으로 부를 누렸다. 미래에는 바이오매스 자원이 국가 발전의 중요한 수단이므로, 바이오매스 확보가 중요한 이슈가 된다. 바이오매스가 풍부한 아시아, 아프리카, 남미 국가들과 협력하여 함께 발전하는 전략이 필요하다. 바이오매스가 풍부한 국가들에게 발전의 기회다.

우리나라의 석유화학 산업은 규모는 세계 5위 수준이라지만, 기술개발 경험과 신제품 글로벌 마케팅 경험이 부족하다. 바이오매스 자원도 별로 없다. 그러므로 우리나라는 외국과 협력해서 바이오매스 자원을 확보하고 다국적기업과도 기술개발과 사업 초기 마케팅 분야에서의 협력이 바이오화학 산업을 발전시킬 수 있는 방법이다.

바이오화학은 시작이다. 시장이 얼마나 커질까? 화학제품의 대체는 어디까지 가능할까? 다양한 신기술과 신제품이 등장하였다. 앞으로 바이오화학의 발전은 우리의 노력과 전략에 달려있다.

3.3 친환경 바이오플라스틱

플라스틱 환경 오염이 이슈다. 사용하고 버린 플라스틱이 환경을 오염시키는 것을 넘어, 거북이를 죽이고 땅도 죽인다. 거북이는 물속에 떠다니는 비닐조각을 먹이라고 착각해서 기도가 막혀 죽는다. 농촌에서 사용하고 수거하지 않은 비닐이 공기의 유입을 막고 결국 땅속 생태계를 파괴한다. 플라스틱 사용을 최대한 줄이고, 필요하면 자연에서 분해되는 생분해성 플라스틱을 사용하여야 한다.

오래 전 듀폰에서 나일론이 발명된 후로 수많은 과학자는 고분자 제품을 합성하는 연구를 하였다. 그러다가 미생물도 고분자를 생산한다는 것을 알았다. 어떤 미생물은 폴리에스터의 일종인 PHB (polyhydroxybutyrate)라는 고분자 화합물을 생산하는데, 물성도 폴리프로필렌과 유사하여 과학자들은 큰 기대 속에 연구를 계속하였다. 그런데 이 고분자는 자연에서 서서히 분해되는 생분해성이 있었다. 그러면 응용에 한계가 있다고 판단하여 연구를 중단하였다.

1980년대 환경 이슈가 중요해짐에 따라 생분해성 고분자의 중요성이 부각되면서 영국의 ICI사를 중심으로 연구가 재개되고 시험공

장도 건설되었다. 그러나 경쟁 고분자에 비하여 제조원가가 비싸 경쟁력이 별로 없었다. 이후 제조원가를 낮추기 위한 다양한 연구로 이제는 경쟁력을 갖추었다. PHB를 값싸게 만드는 기술이 2016년 개발되었고 2020년에는 CJ제일제당이 PHB 공장 건설 계획을 발표하였다.

그림 3.14 플라스틱의 문제와 대책

폴리락타이드PLA와 같은 다른 생분해성 고분자는 개발되어 사용 중이다. 옥수수 기반의 폴리락타이드는 원유 기반 폴리에틸렌PE에 비하여 전주기 온실 가스 발생량이 27% 낮다. 폴리락타이드를 만들기 위한 젖산은 바이오기술로, 젖산에서 폴리락타이드는 화학 기술로 만든다. 우리나라는 PLA를 수입하여 사용하고 있다.

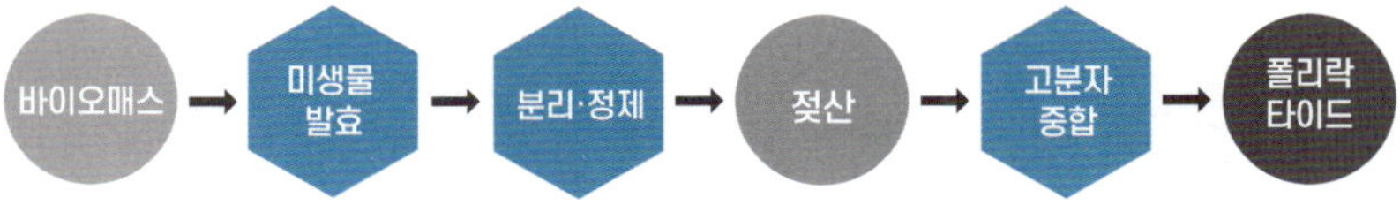

그림 3.15 폴리락타이드 제조 공정

2021년에는 LG화학이 생분해성 플라스틱 사업계획을 발표했는데 2025년에는 글로벌시장규모가 10조 원에 이를 것으로 전망하고 있다. 이제는 여러 종류의 생분해성 플라스틱이 시용화되는 시점이고 탄소중립 등의 정책으로 시장 규모는 더 커질 것이다.

숲속을 지날 때 우리를 귀찮게 하는 거미줄도 자세히 보면 물성이 매우 좋은 고분자 화합물이다. 강도는 강철보다 강하고 신축성은 나일론보다 좋아 신소재로서 방탄복 등의 수요가 기대되어 오래 전부터–1990년경–이를 값싸게 대량 생산하려는 연구가 진행되었다. 역시 유전자 재조합된 미생물을 이용하는 대사공학 기술이 핵심이다. 오랜 연구 결과 이제는 쓸모있는 기술이 개발되어 미국, 일본 등에서 실용화가 진행되고 있다.

포장재로 많이 시용되는 PE는 특히 음식물쓰레기를 넣어 버리면, 분해가 안 되어 문제다. 이탈리아 등에서는 포장재 중 과일, 채소 등의 식품에는 바이오유래 봉투를 사용하여 환경 피해를 줄이고 있다. 특히 퇴비화 가능한 바이오플라스틱의 재생가능한 성분을 최저 40%로 하고 있으며 장기적으로 60%까지 올릴 것이라고 한다.

플라스토Plasto사는 사탕수수 유래의 폴리에틸렌으로 만든 바이오플라스틱 장난감을 판매한다. 가소제, 페놀 등 유해성분이 없고 친환경적인 완구용 플라스틱을 개발한다. 세계적으로 유명한 레고Lego사도 친환경적이고 지속가능한 소재로 레고를 만드는 기술을 연구중이다. 이러한 노력의 하나로 재생가능 폴리에스터인 PHB를 사용한다.

바이오소재나 바이오기술로 만든 플라스틱을 바이오플라스틱이라고 한다. 미국의 플라스틱산업협회Plastics Industry Association는 매년 바이오플라스틱 혁신상Innovation in Bioplastics Award을 수여하는데, 2016년에는 클럽 커피Club Coffee사의 푸르포드Purpod 100이라는 제품에, 2017년에는 듀폰DuPont사와 ADM사가 공동 개발한 FDME, Furan Decarboxylic Methyl Ester에 수여하였다. 푸르포드 100은 1회용 커피, 차 등 뜨거운 음료를 제공할 수 있는 1회용 커피 포드로서 사용 후 버리면 100% 퇴비가 된다. FDME는 녹말이 원료인 제품으로 포장, 섬유, 엔지니어링 플라스틱 분야에서 기존의 석유 유래 제품을 대체할 것으로 기대된다. 일본의 미쓰비시화학은 바이오폴리머의 생산량을 2013년 510만 톤에서 2020년 1700만 톤으로 확장하는 등 이 분야가 향후 성장의 주요 수단임을 보여준다.

지금까지는 특수 용도의 고분자에만 바이오 고분자가 사용되었으나, 이제는 범용 고분자 생산까지 대체한다. 고무원료로 사용되는 이소프렌isoprene, 플라스틱 병의 원료인 PET 수지, 전기제품 포장재인 폴리스티렌polystyrene까지 바이오유래 고분자가 사용된다. 이 외에도 많은 화학 소재가 바이오기술과 바이오매스를 이용하여 생산되기 시작하였다.

3.4 재생가능한 바이오에너지

석유나 대체에너지가 아닌 새로운 개념의 에너지 기술이 필요하다. 장기적으로는 핵융합기술, 인공광합성 기술 등이 답이다. 그래서 에너지 전문가들은 새로운 개념의 에너지를 개발하려고 노력중이다. 공기중의 이산화탄소, 물, 햇빛만 있으면 식물은 포도당을 합성한다. 인류의 꿈은 이 광합성을 인공적으로 구현하는 것이다. 단기적으로는 바이오 에탄올, 디젤, 부탄올과 같은 수송용 에너지를 만들어야 한다.

바이오 에탄올/부탄올

미국은 오래 전부터 옥수수로 만든 에탄올을 가솔린에 10% 첨가하여–가소홀(gasohol, gasoline과 alcohol의 합성어)이라고 함–자동차 연료로 사용하였다. 미국 농민이 생산한 옥수수의 부가가치를 높여 농민에게 경제적 혜택을 주기 위한 정책이라고 알려져 있다. 브라질은 자국에서 생산되는 사탕수수sugarcane로 역시 에탄올을 생산하여 자동차용 연료로 사용하고 있다. 공용차량에는 100% 에탄올을, 상업용 차량에는 에탄올이 10% 가량 첨가된 가소홀이 사용되고 있다.

그러던 중 2000년경 원유 가격이 상승하고 지구온난화 문제가 세계적인 이슈로 부각되면서 에탄올 생산에 세계적인 관심이 증가하였다. 동남아시아에서는 에탄올의 원료로 우리의 고구마와 비슷한 카사바cassava 등을 사용하려고 노력했고, 중국에서는 만주지역에 옥수수를 심어 에탄올을 생산하는 계획을 발표하였다. 그러다가 식량자원으로 에너지를 생산하는 것은 바람직하지 않다는 세계적인 여론에 밀려 중국에서는 식량자원으로 에너지를 생산하지 않겠다고 발표하였다. 그러면서 장기적으로 에탄올을 생산할 대체자원으로 나무나 풀과 같은 셀룰로오스 물질 그리고 해조류algae와 같은 해양 바이오매스 자원이 대안으로 떠올랐다. 2016년에는 폐목재, 폐지와 같은 셀룰로오스자원으로부터 에탄올이 시범 생산되고 있다. 원유 가격이 배럴당 70~80 달러 정도일 때는 경제적으로 의미가 있지만,

40~50달러 수준에서는 경제적 이점이 없는 실정이다. 물론 이산화탄소 저감 효과를 원가에 반영한다면 경제성이 달라지겠으나, 반영되기까지는 다소 시간이 걸릴 것이다. 장기적으로 기술이 더욱 개발되고 이산화탄소 저감 효과가 고려된다면 경제성도 더 좋아질 것이다. 세계적으로 셀룰로오스 자원에서 에탄올을 생산하는 연구는 계속되고 있다.

듀폰은 2015년 2억 달러를 투자하여 섬유소유래 에탄올 공장을 준공하였으며, 이태리의 베타리뉴어블Beta Renewable사는 섬유소유래 에탄올 생산이 단기적으로 큰 이익은 없으나, 장기적 관점에서 투자하고 있다. 섬유소의 전처리 기술을 확보하고 개량하는 것은 매우 핵심적인 기술이기 때문이다.

에탄올 대신 부탄올Butanol을 사용하려는 연구도 많이 이루어진다. 우리나라 GS칼텍스는 바이오기술로 부탄올을 경제적으로 생산하는 기술을 개발하여 2016년 시범공장pilot plant을 건설하고 있다.

억새 : 미래의 에너지 원료

부탄올은 그 자체로 자동차 연료인 가솔린을 대체할 수 있는데 몇 가지 장점이 있어, 향후 사업화가 기대된다. 부탄올은 유황화합물 등 불순물이 없는 청정연료고 지속가능한 바이오매스로부터 얻어지니 이산화탄소 저감에도 도움이 된다.

에탄올/부탄올은 근본적으로 다른 대체에너지와 경쟁하는 입장이다. 장기적으로 운송용 에너지로서 휘발유나 경유 대신 전기, 수소 등 다른 에너지를 사용하려고 하지만, 바이오에탄올/부탄올은 일정부분 수요가 지속될 것이다. 현재 원유를 수입하여 전통적인 가솔린/경유 등의 에너지를 생산하는 정유공장의 경우, 앞으로 수송용 에너지의 변화에 따라 기업이 영향을 받을 수 있다. 변신하지 않으면 살아남기 어려울 수 있다. 디지털 카메라가 도입되었을 때, 필름을 고집한 주요 필름 기업이 지금 어려운 상황임을 교훈 삼아, 에너지 기술과 시장의 동향을 예의주시하고 있다.

바이오디젤

1892년 독일에서 루돌프 디젤이 디젤 엔진을 개발하면서 디젤 기름이 사용되기 시작하였다. 초기에는 콩기름에서 생산하다가 석유로 만드는 것이 저렴해지면서 자연스럽게 정유공장에서 만들었다. 그러다가 지구온난화가 이슈가 되면서 다시 식물성 기름을 원료로 사용하기 시작하였다. 유럽 농민을 보호하려고 식물성 기름으로 디젤을 생산하는 것을 장려하기도 한다. 식물성 기름은 콩기름, 야자유, 유채유 등 종류가 다양하나 성분이 약간씩 달라 디젤을 만들었을 때 물성도 약간씩 달라져 추운 지역에서 사용하면 문제가 생기기도 한다. 이렇게 바이오디젤(식물성 기름으로부터 만든 디젤을 바이오디젤이라고 함)의 사용이 증가하면서 식물성 기름을 얻을 수 있는 식물과 나무의 재배도 증가하고 있다. 인도네시아, 말레이시아, 브라질 등에서는 바이오 에너지용 식물의 생산을 위하여 열대 우림을 훼손하거나 면적을 줄이고 있어 환경보호에 위배된다는 비판이 있다. 그런데도 바이오디젤의 수요는 증가하고 이를 생산하는 기업도 늘고 있다. 현재는 대부분 석유 유래의 디젤에 바이오디젤을 일정비율 섞어서 사용하는데, 점차 그 비율도 증가하고 있다.

인공광합성 연구

과학자들은 광합성을 이해하려고 연구중이며, 부분적으로 광합성을 흉내내고 있다. 이제는 햇빛을 쏘이고 이산화탄소와 물을 공급하면 포름산formic acid이 얻어지는 수준까지 왔다. 포도당 합성이 궁극적인 목표다. 시간이 걸리겠지만 목표는 달성될 것이다. 에너지 관련 기술을 개발하려고 수많은 연구가 진행중이다. 그 중 하나는 이산화탄소로부터 메탄을 합성하는 것이다. 이산화탄소도 줄이면서 새로운 에너지와 화학소재가 탄생하는 것이다. 메탄으로 메탄올을 합성하면 기체 에너지가 액체 에너지가 되어 수송도 편리하고 단위부피당 열량도 높아져 더 효율적인 에너지와 화학소재가 된다. 그러나 부분적인 성공 사례뿐, 아직까지 쓸만한 기술은 개발되지 못했다. 이것은 미래의 새로운 과제다. 지구온난화가 매우 시급하므로 이 분야의 연구가 많이 이루어지리라 기대되고 이러한 기대는 미래에 새로운 에너지 산업을 창출할 것이다.

4. 농업

스마트 농장, 스마트 온실, 스마트 축사, 스마트 양식장. 최신 농업 용어다. IT와 인공지능 기술의 발달로 농업에 변화가 오고 있다. 유전자 가위로 대표되는 유전 공학의 발달로 종자 산업에도 큰 변화가 오고, 환경을 생각하는 친환경 농업과 천연물 기능성 식품이 변화를 주도하고 있다.

4.1 스마트해지는 농업

땅을 이용한 농사의 단점인 날씨와 기후 문제를 해결하려고 개발된 온실 농업은 기술의 진보에 따라 점차 스마트해져 최근에는 스마트 농장이 대세다. 스마트 농장의 농부는 컴퓨터 화면을 보며 전체 상황을 모니터링하고 지시한다. 수확 후 포장도 기계가 하니 기업체 사장과 같다. 농사와 농부의 개념이 변하고 있다.

얼마 전 토마토 농장을 방문하였다. 토마토는 땅에 뿌리를 내리고 자라서 열매 맺는다고 생각했는데, 땅이 아닌 상자에서 굵은 뿌리가 공기 중에 노출된 채 옆으로 몇 미터나 자라 있었다. 거기에서 무수히 많은 줄기가 올라가고 줄기마다 토마토가 열렸다. 지금도 온실이라고 부르는 비닐하우스가 있다. 이것을 조금 단단하게 만든 것이 유리 온실이다. 필요하면 난로 등으로 온실 안을 따뜻하게 한다. 그러니 추운 겨울에도 농사를 지을 수 있다. 최근에 방문한 온실은 면적이 수천 평에 달한다. 단순히 온도만 맞추어 주는 방식이 아니다. 필요하면 인공조명으로 빛의 파장과 세기를 조절한다. 작물을 땅이 아니라 상자에서 키운다. 물과 영양분은 자동으로 공급한다. 필요한 만큼만 계산하여 자동으로 공급하니 한 방울의 낭비도 없다. 수확은 아직 경제적인 이유로 수작업에 의존한다. 예전 방식보다 생산성이 높아 가격 경쟁력이 생긴다.

예전의 비닐하우스가 아니다. 식물이 날씨, 기후에 관계없이 최적의 환경에서 자라고 열매를 맺는다. 그러려면 적절한 센서가 있는 자동화된 시스템이 필수다. IT기술과 인공지능 등 공학기술을 접목했다. 잔류 농약 없는 더 안전한 먹거리도 필요하다. 식품안전성에 대한 사회적 요구 수준은 계속 증가한다. 스마트 농업은 이러한 요구를 충족시킨다.

몇 년 전 우리나라의 대기업이 대규모 유리 온실에 토마토를 대량 재배하려던 계획이 이익단체의 반대로 무산되었다. 지금은 중소업체가 운영하고 있다. 2016년에도 대기업이 스마트 팜 설비와 소프트웨어 개발을 통해 해외시장에 진출하려고 생산 실증단지와 연구개발센터 설립을 추진하다가 이익단체와의 갈등을 겪었다.

누가 운영하든 첨단 IT기술과 바이오기술을 활용한 농산물 생산은 경제적으로 유리하므로 앞으로 많이 보급될 것이다. 스마트 팜은 세계적인 추세이고 국가 이익에도 부합하므로 사업 모델을 제시하고 관련 단체와의 협력을 모색하면 국가의 주력산업으로 발전할 수

그림 3.16 농업 기술의 변화

있을 것이다.

농식품 산업에 대한 인식을 내국인을 위한 산업에서 수출산업으로 전환하고 지원할 시점이다. 네덜란드는 오래 전부터 유리온실기술을 발전시켜 파프리카, 화훼와 관련 온실 분야의 수출을 포함하는 수출주도형 산업을 이루어서 우리의 벤치마킹 대상이었다.

지금이라도 우리가 가진 IT기술과 바이오기술을 농식품 산업에 적용하고 AI기술을 개발하여 접목시키면 경쟁력이 제고될 것이다. 농산물 수출 외에도 농산업 플랜트와 시스템, 바이오소재, 기능성 식품소재를 수출할 수 있을 것이다. 우리나라 농식품 수출액은 아직 미미하지만 수출 시장은 커질 수 있다. 소규모 산업이 주종이므로 단점 같지만 고용 효과가 높아 우리에게는 장점이 될 수 있다.

수직농장

수직농장도 있다. 세계 여러 도시에 수직농장이 운영되고 있다. 수직농장은 1999년 미국 컬럼비아대학의 데스포미르Dickson

Despommir 교수가 제안했다. 빌딩 개념의 건물 안에서 농작물을 재배하는 방식이다. 햇빛 대신에 LED로 빛을 쪼여 주고, 온습도 등을 최적의 상태로 유지하므로, 단위 면적당 수확량이 땅보다 높다. 실내이므로 해충 발생 등을 통제할 수 있어 농약 등을 쓰지 않아 유기농으로 간주되어 비싸게 팔린다. 10층 정도의 고층구조의 농장이므로 생산성이 높아 어느 정도 가격 경쟁력을 갖고 있다.

수직농장 : 미래의 채소공장

땅이 적은 네덜란드의 기업들이 수직농장 사업에 진출하고 있다. 비비Vivi는 채소재배 신생기업이다. '내 손안의 온실greenhouse in my bag'이란 개념으로 작물을 경작한다. 식물 조직배양부터 유통까지 연결하여 잎채소, 과일, 식용허브 사업을 하고 있다. 2015년 필립Phillips 사는 연구시설에서 상추, 딸기, 고추 등을 재배하는데, 최적화된 LED 사용으로 기존 온실 m^2당 60kg에 비하여 100kg의 수확을 낸다고 한다.

덴마크의 노르딕 하베스트Nordic Harvest는 코펜하겐 인근에 유럽 최대의 수직 농장을 건설하고 있다. 에너지는 풍력이다. 연간 15번 수확 가능하고 기후와 관계 없어 경쟁력 있을 것이다. 쌀과 같은 작물은 어렵지만, 재배 주기가 짧은 채소나 과일을 공급할 수 있어서 자동화하면 21세기형 농업의 하나가 될 것이다.

일본 정부도 지역경제 활성화와 기후변화대응 차원에서 식물공장 사업을 추진하고 있다. 빛, 물, 공기 등을 제어하여 야채나 꽃 등을 재배하는 식물공장은 수백 곳에 달한다. 여기에는 도쿄드림, CCS 그리고 IT기업 도시바, 파나소닉, 후지쓰, 샤프, NEC 등이 참여하고 있다.

현재는 도시나 도시 근교에서 도시에 신선한 채소를 공급하는 데 주로 활용되고 있으나 점차 농장 면적과 대상 작물이 다양해질 것이다. 초기 투자 비용은 많지만 생산성이 높아 장기적으로 경제적이다. 1999년 수직농장 개념이 2016년 기업화가 시작되었으니 앞으로 20년이 지나면 수직농장과 스마트농장은 보편화될 것으로 예상된다. 따라서 앞으로 10~20년 이내에 큰 도시는 수직농장, 스마트 팜 시스템을 갖출 것으로 보인다. 새로운 트렌드는 새로운 비즈니스의 기회기 때문이다.

우리나라는 미래원이라는 회사 등이 수평 선반을 활용한 수직농장을 운영하는 초기 단계다. 이러한 변화는 2020년대에 가속화될 것이다. IT 강국으로서 IT기술과 인공지능 기술을 농업에 활용하면 시장은 급격히 커질 것이며, 특히 수출 산업으로서 각광받을 것이다.

미래의 농업

기존 농업에도 최신기술이 계속 접목되고 있다. 미국에서는 무인 트랙터가 20만 대 넘게 팔렸다. 무인자동차로 유명한 테슬라도 무인 트랙터를 판매하기 시작하였다. 농장에서 자라는 작물의 상황을 알 수 있는 클라우드컴퓨팅 플랫홈을 개발하는 등 농업이 첨단화되고 인공지능화되고 있다. 트랙터도 IT 설비를 갖추었다. 토지에 따라 수확하는 시기에 수확량을 기록 분석하여 다음 파종에 적용하는 수득매핑시스템yield mapping system의 활용은 식량 증산, 농민 소득 향상에 기여할 것이다. 드론은 농지의 상태를 파악하고, 농약 살포에도 사용되기 시작하였다. 이 모든 것이 스마트 폰과 연계해서 가능하다.

쌀, 밀, 옥수수, 콩 등 대규모 농지에서 재배되는 곡물은 스마트 농업이, 특정 채소류 등은 수직농장을 포함하는 스마트 팜에서 재배된다면 그 수요는 천문학적이다. 여기에는 농업 신기술이 IT, 인공지능기술 등과 접목될 것이다. 자본과 기술의 집약 방식이다. 농부의 모습은 더이상 전통적인 시골아저씨가 아닌 농업바이오 산업을 이끄는 새로운 이미지로 바뀔 것이다.

중국 알리바바의 마윈은 돼지 사육에 인공지능 방식을 결합시키겠다고 발표하였다. 향후 닭, 소, 오리 등으로 확대 가능한 새로운 개념의 가축 산업이다.

4.2. 안전한 먹거리를 만드는 인공종자

1789년 영국의 맬서스Thomas Robert Malthus는 『인구론』에서 인류 문명 성장의 한계는 식량이라고 했다. 그 이후 인구는 꾸준히 증가하여 현재 약 60억 명이지만, 식량부족으로 고생하는 인구의 비율은 비슷하다. 농업과 바이오기술의 발달로 인구만큼 식량도 증산되고 있는 것이다. UN 통계에 따르면 2050년 지구상의 인구는 90억 명이 넘을 것으로 예측된다.

간단히 생각하면 지금보다 50% 더 생산해야 하지만, 실제는 70~100 % 이상 늘어야 한다. 육류 소비가 늘어날 전망이고 소, 돼지, 닭 등의 가축을 키워 1kg의 육류를 얻으려면 옥수수, 콩 등이 포함된 사료가 3~6배 필요해서다. 더구나 앞으로 인구의 80% 정도가 도시에 집중된다고 하니, 신선도와 물동량이 새로운 이슈다. 우리나라는 사료용 곡물 포함, 곡물 자급률이 24% 정도라고 하니, 국가 식량 안보 차원에서도 식량 증산은 큰 이슈다.

식량 증산 기술로는 오래된 육종방법이 사용된다. 하이브리드 육종방법으로 우수한 품종을 개발하고, 최근에는 유전자 조작으로 새로운 품종을 개발중이다. 현재 GMO로는 콩, 옥수수, 면화, 카놀라, 사탕수수 등이 미국, 브라질, 캐나다, 인도, 중국, 남아프리카 등에서 생산된다. 미국의 몬산토가 대표적 기업이다.

지금은 DNA 분자육종DNA marker-assisted breeding 방식으로 가는 추세다. 묘목의 어린 잎 단계에서 표지 분석을 통하여 생산성, 품질 등을 예측함으로써 육종 개발 시간을 획기적으로 줄이는 방법이다.

미국에서는 1994년부터 빨리 무르지 않는 GMO 토마토 등을 일반식품과 동일시하고 있으나 독일은 광우병에 대한 환경단체, 시민단체의 정부 불신으로 90년대 말 이후 미국의 GMO 농산물 수입을 엄격히 제한하고 있다. 우리나라는 2003년부터 유전자변형식품 표시제를 시행하고 있다. GMO는 음식으로서의 안전성 그리고 환경위해성 이슈가 있다.

농약 사용 최소화, 바이오유래 작물 보호제를 선호하는 추세다. 종자와 작물보호제 시장은 1000억 달러를 상회하는 거대한 시장이다. 식량 수요가 증가하면서 중요성과 시장은 더 커질 것이다.

안전성 이슈

기존의 GMO는 외부 유전자를 생물체에 삽입했지만 크리스퍼 유전자가위를 사용하는 유전자 편집은 내부의 특정 유전자를 변이시키므로 외부유전자가 없어 자연적인 돌연변이 육종과 유사하다고 본다. 현재 우수 품종 식물은 야생종이 갖고 있는 내부 유전자의 변이가 축적된 것이다. 육종이란 다양한 내부 유전자 돌연변이를 만들고 그 중 원하는 특징을 보이는 개체만 선별하는 것이다.

유전자가위 방식으로 만든 식물을 GMO 규정에 포함시키느냐가 최근의 주요 이슈다. 미국 등 많은 나라에서는 GMO 규정에 포함시키지 않는 방향이지만, EU는 법원에서 GMO 규정을 적용해야 한다고 판결했다.

바이오사업을 접목하는 세계적인 화학기업

바스프BASF는 1865년 설립된 독일 기업으로 초기에는 염료를 주로 생산하였다. 1913년 세계 최초로 암모니아 합성공장을 운영해서 질소비료 생산을 선도하였다. 1950년대에는 플라스틱사업으로 성장, 최근에는 농화학, 바이오화학에 투자를 늘리고 있는 세계 최대 화학기업이다. 글로벌 이슈 분석과 해결을 기업의 철학으로 삼아 새로운 기술을 개발하고 신사업으로 연결시키고 있다. 현재는 에너지, 환경, 식량, 지속가능 성장을 인류의 주요 과제로 보고 있다.

듀폰은 1802년 미국에서 창업, 200년 이상의 역사를 가진 글로벌 기업이다. 화약으로 시작하였으나 나일론 등 고분자 소재, 석유화학 위주로 사업 영역을 확대하였고, 얼마 전부터는 바이오부문 매출액이 화학부문보다 큰, 종합화학과 생명과학 회사로 발전하고 있다. 세계 식량 공급 위기를 예측하여 종자 등 농업사업을 시작하였고, 석유화학에서 지속가능한 바이오화학 사업으로 전환하고, 친환경 제품과 공정의 개발을 통해 환경 보호에도 적극 대응하고 있다. 물론 이런 것들을 새로운 사업 기회로 보고 있다.

LG화학은 1947년 창업 이래 지난 70년간 종합화학회사로 성장하였다. 석유화학 전자정보소재, 배터리 등 에너지 사업을 발전시켜왔다. 바이오의약은 1980년대, 바이오화학은 2000년대부터, 농화학은 2016년 동부팜을 인수한 이후 투자를 확대하고 있다. 특히 작물보호제, 종자, 비료 시장을 목표로 하는 농화학은 미국의 카길사를 벤치마킹하여 발전시키고 있다.

4.3 맛있고 건강한 천연물·기능성식품

아직도 많은 나라가 식량난을 겪고 있지만 어떤 나라들은 상황이 바뀌었다. 배부르면 그만이던 음식이 이제는 맛있고 건강에도 좋아야 한다. 자연히 기능성식품 등의 수요가 늘고 있다. 미래에는 먹는 화장품으로 영역이 확대된다. 히포크라테스가 "음식이 약이 되게 하고 약이 음식이 되게 하라"고 했듯이.

아침에는 커피로 하루를 시작한다. 언제부터인가 아침에 커피를 마시지 않으면 무엇인가 빠진 것 같다. 커피 한 모금으로 무엇인가 채워진 느낌이다. 그렇게 하루를 시작한다. 오래 전에는 다방에 가면 모닝커피를 줬다. 커피에 생계란을 넣어 아침 허기를 달래주고 영양을 보충해준다. 당시의 커피는 설탕과 프림을 타는 소위 다방 커피다.

맛있기로 유명한 커피가 있다. 콜롬비아 블루마운틴, 하와이 코나, 에티오피아 예가체프 등이다. 커피가 맛있다는 곳에는 공통점이 있다. 더운 고산 지역이다. 이것은 무슨 뜻인가? 식물은 더운 곳에서 광합성을 활발히 하고 잘 자란다. 고산 지역은 밤에는 쌀쌀하거나 차가운 바람이 불어 온도가 낮아진다. 그러면 곰팡이나 세균이 식물을 공격할 수 있다. 일반적으로 세균과 곰팡이는 낮은 온도에서 잘 자란다. 늦가을에 감나무에 달린 감을 보자. 기온이 떨어지는 늦가을에는 감의 표면이 하얗게 변한다. 곰팡이가 감을 먹으려고 공격한 것이다. 추워지기 전에는 감의 주황색 표면이 반짝일 정도로 건강하다. 감에 곰팡이를 물리치는 대사산물이 많아서 곰팡이가 가까이 갈 수 없다. 날씨가 추워지면 대사산물의 양이 줄어들어 곰팡이 증식에 좋은 온도가 된다. 같은 원리로 낮에는 덥고 밤에는 쌀쌀한 날씨가 오래 계속 되면 커피나무는 대사산물을 많이 만들어 커피 열매에 저장한다.

그러한 커피 열매를 우리는 왜 맛있다고 좋아할까? 우리 신체도 항상 곰팡이나 세균에 노출되어 있다. 커피의 대사산물은 곰팡이나 세균을 물리치므로 우리 몸은 그러한 대사산물을 본능적으로 선호하는 것이다.

대표적인 성분이 카페인이다. 카페인은 대체로 심장을 빨리 뛰게 한다. 심하면 밤에 잠을 못 이루는데, 원인 중 하나가 카페인의 작용이다. 홍차와 녹차에는 카페인 함량이 더 많다고 알려져 있지만, 녹차를 마시고 잠 못 든다는 이야기는 별로 듣지 못하니 카페인의 작용을 억누르는 또 다른 물질이 포함되어 있다고 해석할 수 있다.

인삼 : 땅 속에서 세균을 물리쳤다.

기능성 식품

식물은 도망갈 수 없으니 외부의 공격에 약하다. 대신 식물은 다양한 대사산물을 만든다. 인삼이 대표적이다. 인삼은 습한 음지에서 자란다. 곰팡이나 세균의 침입을 막으면서 몇 년을 견디고 살아 남으니 뿌리에 유용한 성분이 많다. 대표적인 성분이 사포닌이다. 우리에게 좋은 성분이다. 왜 그럴까? 우리도 외부의 세균으로부터 끊임없이 공격받고 있으니 세균을 물리치는 인삼의 성분이 우리에게도 좋은 것이다. 식물의 대사산물 성분은 다르지만, 여러 형태로 우리에게 도움이 된다. 인삼을 먹으면 면역력이 좋아진다. 과거에는 경험적이었으나 최근에 과학적인 근거도 나왔다. 우리 몸에서 면역 작용을 하는 NK 세포[19]의 활성을 측정한 것이다. 모유의 다당류도 비슷하다. 엄마의 젖에는 여러 영양분 외에도 다당류가 있는데 이 성분이 아기의 면역력을 강화해서 아기가 아프지 않게 돕는다. 우유에는 다당류가 없었다. 최근 유전공학적인 방법으로 이 다당류를 대량 생산해서 일부는 분유에 첨가되어 판매된다.

한약재도 대부분이 식물의 뿌리, 잎과 열매에 있는 성분을 추출하여 먹는다. 그 부분에 약리 작용이 있어서다. 천연물의 성분과 효능을 잘 연구하여 필요에 따라 섭취하면 좋다. 이것이 기능성식품의 시작이다. 최근에는 의약식품이라는 용어가 등장했다. 독일의 BASF는 오메가 지방산 관련 제품으로 의약식품 시장에 진출했다. 우리나라에서도 기존의 기능성식품 기업 외에 여러 제약회사가 이 분야에 진출하였다. 새로운 제품 개발은 물론 장수 시대 기능성 식품 시장의 증가를 염두에 둔 것이다.

천연물 예로 옻칠이 있다. 서양에서는 포이즌 아이비poison ivy라고 하는데, 옻이 옮을 수 있어 잘 손대지 않는 덩굴 옻나무과의 식물이다. 옻나무에 칼자국을 내면 나무는 하얀 수액을 분비하고 잠시 후 수액이 굳어지면서 상처를 외부로부터 차단한다. 이것은 옻나무 수액의 유로시올uroshiol이라는 성분이 공기 중의 산소와 만나 고분자 막을 만드는 것인데, 외부 세균의 공격을 막으려는 보호막이다. 그래서 한국, 일본, 중국에서는 오래 전부터 공예품 등에 도료로 사용

19 NK 세포natural killer cell : 자연살해세포. 바이러스나 세균에 감염된 세포나 암세포를 직접 파괴하는 면역세포로서 혈액 속 백혈구의 일종이다.

해 왔다. 목재가 썩지 않아 오랫동안 쓸 수 있다. 소나무의 송진, 고무나무의 고무 등 유사한 예가 자연계에 많다. 이제는 옻칠의 항균성에 관심을 두고 있다. 오래 전부터 옻 재배 단지의 주민들은 옻의 약리 작용을 많이 경험했는데 이제는 과학으로 뒷받침되는 단계다. 유향frankincense도 있다. 보스웰리아라고도 한다. 오래 전부터 중동 지역에서 항균제 등으로 사용됐으며 2000년 전 예수 탄생 당시 동방박사 3명이 갖고 온 예물 중 하나다. 당시 최고의 항균제로 건강을 기원하며 가져온 것 같다. 관절염 등에도 효과가 있다고 보고되었다.

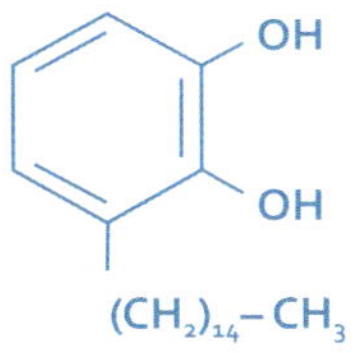

그림 3.17 옻칠의 주성분인 유로시올의 화학 구조

홍합도 보자. 홍합은 단백질을 만들어서 바위에 단단히 붙어 있다. 국내 연구진은 이 단백질 유전자를 미생물에 넣어 홍합단백질을 만들었다. 벤처를 설립하여 인체나 동물용 접착제로 시제품을 생산하여 임상 시험중이다. 지금까지는 인체 수술 후 생분해성 고분자 유래의 봉합사로 수술 부위를 봉합하였으나 앞으로 접착제를 사용하는 사례가 늘 것이다. 수술도 더 간편하고 흉터도 더 작다고 한다. 인체만 아니라 가축 등에도 적용하기 위한 시험을 진행 중이다.

영양유전체학

영양유전체학nutrigenomics이 새로운 트렌드다. 개인의 유전적 특성에 따라 섭취한 영양소에 어떻게 반응하는지 그 변화를 규명하는 학문이다. 예를 들면, 유전체를 분석하여 단백질부족형, 지방부족형, 균형추구형 등 7가지 식습관으로 나타내어 이것을 근거로 식습관을 제안할 수 있다. 단백질 부족형인 경우, 단백질을 더 섭취하고 설탕과 지방이 많은 음식을 줄여 갔더니 더 건강해졌다는 결과가 보고되었다. 이러한 방법으로 다이어트까지 가능할 것으로 전망되는데, 아직은 초기 단계다. 그러나 이미 일부 건강검진센터에서는 가능성을 홍보하기 시작하였다. 이제 먹거리는 건강에 유익함을 넘어 화장품 단계로 진화하고 있다. 좋은 먹거리는 몸을 탄력있고 예쁘게 한다는 개념이다.

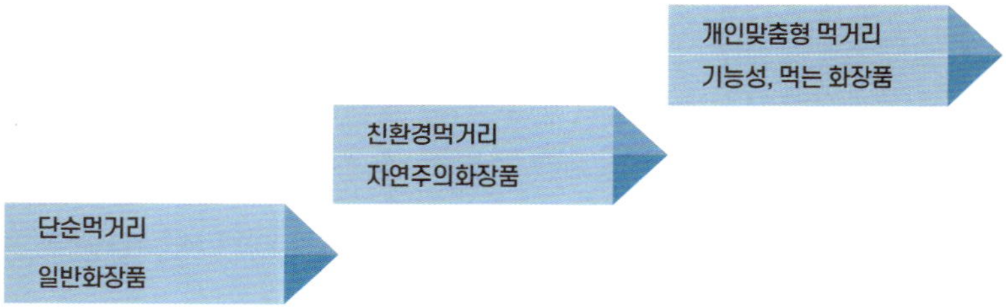

그림 3.18 먹거리와 화장품 개념 변화

와인과 프렌치 파라독스

와인은 과일 열매로 담근 술을 의미하는데, 일반적으로는 포도주grape wine를 가리킨다. 와인은 알코올이니 너무 많이 마시면 건강에 좋지 않다.

미국인은 10만 명당 180명 정도가 심장병으로 사망하는데, 프랑스인은 상대적으로 동물성 지방을 많이 섭취하는데도 심장병으로 사망하는 수는 100명 정도이고 특히 와인으로 유명한 툴루스 지방에 사는 주민은 80명 수준이다. 지방섭취에 비하여 심장병이 적은 것, 이것을 프렌치 파라독스French paradox라고 하는데, 레드와인이 심장병 예방에 좋아서라고 생각되어 왔다. 그 후 존스홉킨스대학에서 이태리의 투스카니(이곳도 와인으로 유명) 주민 800여 명을 대상으로 레드와인 성분중 항산화작용과 노화작용을 늦추는 것으로 알려진 레스베라트롤과 심장병의 상관관계를 연구했다. 유의미한 관련은 없다는 결론이었다. 그러면 왜 프랑스인은 상대적으로 심장병이 적을까. 음식을 먹고 와인을 마시는 것 자체가 기쁨이라는 인식, 즐겁게 지내는 생활태도 때문인 것으로 해석된다.

미국 나파밸리의 포도밭

5. 미래를 만드는 기반 기술

미래는 어떠한 세상이 될까? 아마도 우주를 이해하고, 우주 여행이 가능할 것이다. 그래도 인간 사이의 갈등, 국가간의 갈등은 계속될 것이다.

지금의 사회주의, 자본주의 체제를 벗어나 새로운 사회경제 시스템으로, 국가의 이익보다 지구 공동체를 생각하고, 인간 생명의 존엄성을 존중하기를 꿈꾼다.

노화가 지연되고 치매 등 질병의 진단, 예방, 치료 기술이 발전하여 아프지 않고 늙으면 좋겠다. 핵융합, 인공광합성 등의 신에너지가 실용화되어 이산화탄소로 인한 기후 변화 걱정 없기를, 식량 생산이 증가해서 가난한 나라에도 식량이 부족하지 않기를 바란다.

우리의 꿈이다. 꿈을 꾸고 그것을 위해 노력하면 꿈은 이루어진다. 시간은 걸리겠지만.

이런 우리의 꿈을 현실로 만드는 데 바이오기술이 기여할 것이다. 바이오와 IT기술의 접목, 미래 생명체의 합성, 질병 치료를 위한 신약 개발, 친환경 농업 등은 우리의 꿈을 현실로 만드는 데 기여할 기반 기술이다.

5.1 IT와 바이오의 융합

2012년 20세 여성이 온 몸이 마비되는 루게릭병 진단을 받았다. 2013년부터 증상이 악화되어 음식물을 튜브로 공급하고 외부와 단절된 상태로 살아야 했다. 이런 환자를 위해 머리에 특수모자를 씌워 뇌파를 측정해서 환자의 생각을 읽고 소통하는 기술이 2017년 스위스 바이스센터에서 발표되었다. 아직은 초창기이지만 많은 발전이 기대된다.

인공 귀와 인공 눈은 전기적 신호를 뇌에 전달하는 기술이 핵심이다. 이와 달리 뇌와 기계를 연결하여 BMI(Brain-Machine Interface) 컴퓨터나 기기를 조작하는 인터페이스 기술이 나왔다. 뇌파로 인간의 능력을 증진시키는 기술을 최근 연구중이다. 처음에는 사지 마비 환자, 식물인간과 의사 소통을 목표로 연구하였다. 뇌 운동영역 신경신호를 감지하고 해석하여 기계적 신호로 바꾸는 기술에서 거꾸로 뇌파를 조절하는 단계까지 발전할 것이다.

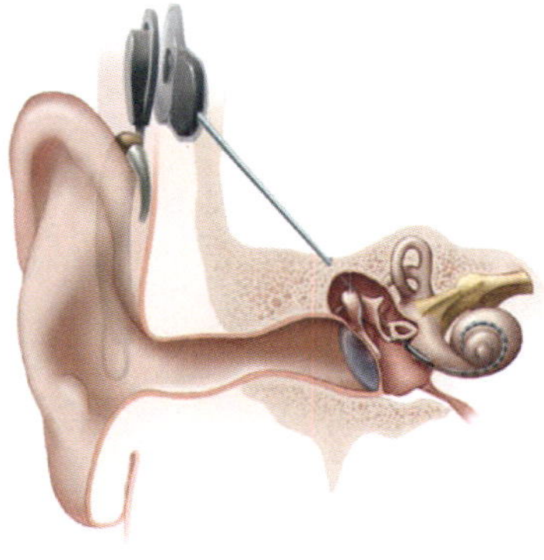
와우관 임플랜트

두뇌에 전기 자극을 주어 집중력을 향상시키는 연구도 진행중이다. 군인이나 운동선수에게 의미 있을 것이다. 적절한 부위에 자극을 주면 척수손상환자를 치료할 수도 있다. 바이오기술과 영상

사람의 생각에 따라 로봇이 움직인다.

기술을 포함하는 IT기술 등이 융합된 분야다.

독일의 튀빙겐 대학병원 연구팀은 뇌의 전기 신호와 눈동자의 움직임으로 서명하거나 포크를 사용하는 수준의 로봇 손이 개발되었다. 특수 모자를 쓰면 뇌의 전기신호와 눈동자의 움직임이 태블릿 PC로 전송되어 장갑형태의 로봇 손으로 신호가 전달되는 시스템이다. 이 정도는 600~1200만 원 수준으로 수년 내 실용화가 기대된다.

미국 정부는 이미 오래 전에 마음을 읽는 보안 시스템을 개발하여 시험 가동중이라고 보도하였다. 카메라와 각종 센서로 사람의 호흡, 심장박동, 체온 등을 측정하여 테러리스트를 찾아낸다고 한다.

사람이 생각중인 단어, 예를 들면 사과, 사람, 볼펜 등을 MRI 영상 분석으로 알아내는 연구가 진행 중이다. 내가 생각하고 있는 배우의 사진을 보는 동안 MRI 사진을 찍고 분석하면 내가 본 배우의 사진을 그대로 그려낼 수 있다. 테러, 심리치료 등 다양한 분야에 응용 가능하다.

뇌의 활동에 따라 다르게 나타나는 뇌파를 기록하고 분석하여 필요할 때 기계와 연결해 사용하는 기술은 비디오게임에도 적용 가능하다. 생각만으로 자동차를 운전할 수 있고, 휠체어를 조작하거나 로봇을 조종하는 등 응용 범위가 크다.

뇌와 근육을 연결하는 척수가 끊어져 하반신이 마비된 원숭이를 걷게 하였다는 뉴스가 있었다. 우선 뇌에 심은 뇌파 감지기가 움직이고 싶다는 신호를 감지한다. 이 신호를 끊어진 척수 아래쪽에 있는 전극에 무선으로 보낸다. 그 다음에는 전극에서 신호를 다리 근육으로 전달하여 움직이게 한다. 이러한 뇌파 감지 기술은 이제 사람을 대상으로 시험 계획이 있다. 이러한 결과를 더 응용하면 뇌를 전기적으로 자극하여 집중력을 높이거나, 스트레스 등 정신적 후유증 치료에도 응용 가능하며, 군인으로 대상을 확대할 수도 있다고 한다.

뇌와 로봇을 연결시킨 사이보그 인간이 가능해진다. 인간의 불멸도 가능할까? 지금도 팔이 하나 없는 경우, 뇌와 인공 팔을 연결시켜 생각으로 팔을 움직인다. 영화의 로봇을 연상시킨다. 어린 소년이 로봇 속에 앉아 손과 팔을 움직이면 그대로 로봇이 움직이고 그것

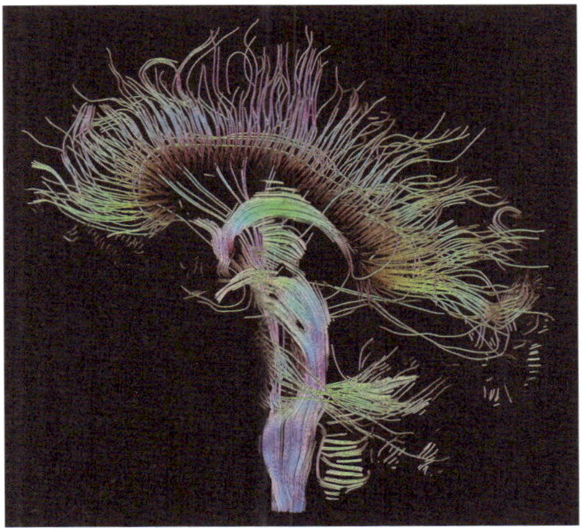
뇌 신경망 이미지

으로 다른 나쁜 로봇을 물리친다는 이야기가 현실로 다가왔다.

이러한 것은 단기적인 트렌드다. 20년, 40년 후에는 어떤 일이 일어날까? 지금은 뇌의 신호를 읽어 내용을 파악하는 연구를 하는데, 다음 단계는 저장된 기억을 꺼내거나 지우는 연구다. 20년 후에는 뇌 과학의 발달로 기억을 지우거나 입력하는 일이 가능해질 것이다. 이것을 응용하면 가상 기억을 넣어줄 수 있을 것이다. 그 다음 단계는 기억이 아닌 의식에 대한 연구다. 뇌를 하드웨어와 소프트웨어로 나누면 소프트웨어에 해당되는 의식의 연구가 본격화될 것이다. 텔레파시는 가능할까? 40년 후, 이에 대한 답을 얻으면 뇌와 뇌의 소통brain-to-brain communication에 대한 연구로 이어지고 더 나아가 신의 영역에 도전하는 연구가 될 수 있다. 앞으로 우주물리학과 생명과학을 더 깊이 이해하면 인간의 생명, 의식 세계에 대한 논의도 더욱 활발해질 것이다. 이러한 우리의 상상은 공상과학 영화에 소개되고 있는데, 최근에는 그러한 상상이 하나씩 현실이 되는 경험을 하고 있다.

표 3.4 뇌 - 기계 연결 시스템의 응용 분야

분야	내용	응용
신체기능 보조/대체	뇌에서 기계로 신호 보낸다	의료, 재활, 헬스케어
편의성 제고	뇌파로 조정	IT기기, 자동차
엔터테인먼트	게임, 영화, 집중도 제고	게임, 영화
정보 전달	대화보다 정확한 명령 전달	국방, 훈련, 교육

약이라면 보통 화학적으로 합성한 것이나 천연물 유래의 알약 등을 생각한다. 지금은 효과를 높이기 위하여 패치 등 형태가 다양해

지고 있다. 최근에는 IT 개념이 도입된 새로운 약(?)도 소개되었다. 뇌가 시도 때도 없이 방광을 수축시키는 신경신호를 보내어 화장실을 자주 가게 하는 과민성방광증후군은, 종전의 치료약은 부작용이 있어 사용이 불편하였다. 이제는 발목 안쪽 신경에 이식하는 전기 자극 장치가 개발되어 신호를 조절한다. 신경에 직접 신호를 보내는 장치를 전자약electroceuticals이라고 하는데, 다른 약도 개발되고 있다. 위 신경에 신호를 보내 포만감을 유도하는 방식도 가능하다. 전자약은 몸에 이식하는 치료용 전자 장치로, 심장 박동기, 척추 자극기, 뇌심부 자극기, 인공 달팽이관 등이 있다. 이러한 전자약의 세계 시장 규모는 2016년에 172억 달러로, 매년 8% 정도 성장하여 2020년에는 252억 달러 규모로 예측된다.

인공 귀는 인공 와우라고 하는데 소리 신호를 증폭시켜 뇌에 전달

뇌의 연구는 인간의 정신세계에 대한 힌트를 줄 것이다.

하며 현재 상당히 실용화되어 있다. 그런데 고성능의 인공 와우는 값이 비싸서 앞으로 값을 내리는 것이 과제다.

인공 눈은 카메라렌즈의 신호를 증폭하여 뇌에 전달하여야 한다. 시력이 없으면 약물치료는 무의미하고, 성체세포를 이식할 수는 있으나 광수용세포가 죽으면 이식해도 죽으므로 한계가 있다. 줄기세포를 이용하거나 광수용채널channelrodopsin 유전자 이식은 아직 연구단계고, 전기적으로 망막을 자극하는 방법이 현재 임상시험 중으로 실용화에 제일 가깝다.

인공 귀든 인공 눈이든 전기적 자극을 뇌에 연결하는 기술이 핵심이다. 최근 신경성 운동장애neurological movement disorder에도 유사한 기술이 접목되어 파킨슨씨병 등의 치료에 시도중이다.

2016년 한국 한의학연구원과 미국 하버드 의대 팀은 침으로 손목터널증후군 환자의 통증을 완화시켰다고 발표하였다. 침으로 신경의 전도 속도를 높이고, 이것은 뇌에 영향을 미쳐 통증이 완화됐으며 뇌영상기술을 이용했다. 수술 시 마취 목적의 침 사용은 알려진 지 오래지만, 현대 의학과의 접목으로 최근 그 기작이 밝혀지고 있다. 큰 맥락에서 신경과의 연결방식에 대한 것이다.

의료바이오와 관련한 미래 트렌드는 IT 또는 ICT와의 융합이다. 사람 두뇌와 컴퓨터의 연결, 사람 신경과 기계의 연결, 사람 장기에 전기 자극으로 약물 같은 효과를 준다. 뇌나 장기와 컴퓨터 또는 기계와의 연결 기술은 새로운 시장을 창출하고 새로운 비즈니스 기회로 연결된다.

5.2 생명체를 합성하는 생물학

유전 정보와 기능의 관계 규명은 궁극적으로 인공 생명의 탄생을 가져올 것이다. 지금까지는 미생물, 동식물 세포 유전자를 조작하는 정도였으나 유전정보가 밝혀지면 인공 박테리아, 식물 등을 만들 수 있을 것이다. 합성생물학synthetic biology이라는 분야가 발전하고 있다. 인공생명을 만들 날이 멀지 않았다. 이것을 신의 영역에 대한 도전으로 볼지 신의 창조 과정을 이해하여 활용하는 과학기술의 발전으로 볼지는 윤리의 문제다. 예를 들면, 소위 맞춤형 아기를 만들 수 있는데 이것이 합당한가 하는 문제다.

우리 몸의 DNA는 46개다. DNA가 2개의 사슬이 서로 꼬인 이중나선 구조라는 것은 오래 전에 밝혀졌다. 최근에는 온도가 올라가면 이중나선이 풀어져 각각의 가닥으로 분리된다고 밝혀졌고, 유전자 증폭 방법PCR, Polymerase Chain Reaction 등에 이미 이용되고 있다. DNA는 아데닌, 구아닌, 시토신, 티민의 4개의 염기가 연결된 구조다. 따라서 유전자 분석은 어떤 염기로 이루어져 있는지, 염기 서열을 조사하는 것이다. 방법은 여러 가지인데, 최근 기술은 다음과 같다. 먼저 DNA를 분리한 후 온도를 올려 나선형 가닥을 푼 다음 한 가닥씩 가느다란 모세관으로 흘려 보낸다. 그러면서 모세관 한편에서 일정한 전자파 신호를 보내면 모세관을 지나가는 동안 염기의 종류에 따라 반대편에 전달되는 신호가 달라지고 이것으로 염기 서열을 알 수 있다. 염기 서열 분석에 드는 시간은 준비 시간을 빼면 DNA 가닥이 모세관을 통과하는 시간이다. 동시에 여러 사슬을 여러 모세관으로 흘려 보내면 그만큼 시간이 절약될 것이다. 더 빨리 분석할 수 있을까?

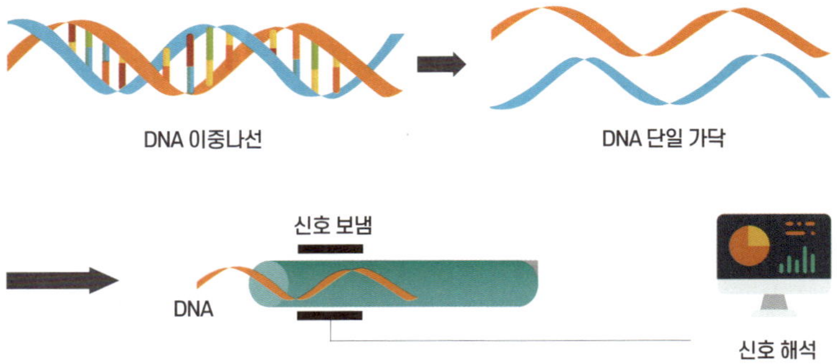

그림 3.19 유전체 분석 기술 최신 개념 모식도; 이중나선 DNA에 열을 가하면 단일 가닥으로 풀리고, 이것을 모세관에 보내면서 한쪽에서 신호를 보내고 반대편에서 신호를 읽어 염기 성분을 알 수 있다. 앞으로는 이중나선의 DNA를 단일가닥으로 만들지 않고 있는 그대로 읽을 수 있는 간단한 방식도 가능할 것이다.

인간의 염기 서열을 알면 다음 단계는 무엇인가? 염기 서열에 따른 염기의 구조와 기능을 밝힌다. 단백질의 생합성 메커니즘 관련 기능은 오래 전에 일부 밝혀졌다. 어떤 단백질은 필요에 의하여 생합성되는데, 어떤 외부 요인이 유전자의 어떤 부분을 자극하면 유전자가 발현[20]되어 단백질이 생합성된다는 이론이다.

유전자 전체 구조는 모르지만 특정 질병이 있거나 겉으로 나타나는 특징이 있다면 유전자 일부 형태가 변형된 것인데 이것을 감지해서 몇 가지 질병과 그 특징을 예측하기도 한다.

예 : 헤모글로빈 유전자 변이

낫 적혈구 빈혈증은 산소를 운반하는 혈액단백질인 헤모글로빈 유전자에 변이가 생긴 질병이다. 146개의 아미노산으로 이루어진 헤모글로빈 단백질의 여섯 번째 아미노산이 바뀌어 생긴다.

20 발현expression : 유전자가 표현되어 밖으로 나타나는 것

정상 헤모글로빈은 단백질이 하나씩 독립적으로 존재하지만, 아미노산 하나가 특정한 다른 아미노산으로 바뀐 단백질은 서로 달라붙어서 낫 모양이 되어 제 역할을 못한다. 이러한 현상은 DNA복제 효소의 오작동(확률은 10억분의 1), 방부제, 약물에 의한 변이, 활성산소, 방사선이나 자외선 등에 의하여 유전자의 염기 하나가 바뀌어 일어날 수 있다.

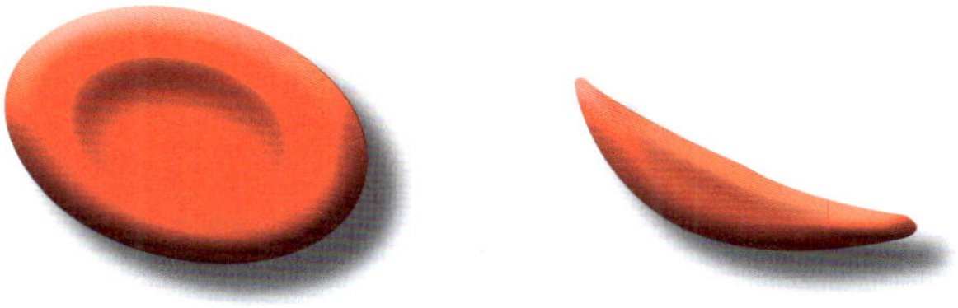

헤모글로빈 구형, 낫 모양

이로운 돌연변이도 있다. 예를 들면, 양성 적혈구 증가증은 산소 운반 단백질인 헤모글로빈이 존재하는 적혈구의 수가 증가한다. 그러면 혈액이 더 많은 산소를 운반할 수 있어 향상된 체력을 갖는다. 실제로 1964년 동계올림픽에서 금메달을 수상한 어떤 운동 선수가 이러한 경우라고 보고되었다.

유전자의 일부를 제거하거나, 다른 생물체의 유전자로 대체하는 것이 소위 유전공학genetic engineering이다. 그렇게 하면 생물체의 특성을 변화시킬 수 있다. 유전병을 치료할 수도 있고 병충해에 잘 견디는 작물을 만들 수 있다. 문제는 다른 유전자는 건들지 말아야 하고 윤리적으로 문제가 없어야 한다는 점이다.

크리스퍼 유전자가위

크리스퍼CRISPER-Cas9 유전자가위 기술은 2013년 소개되었다. 지난 30년 간 합성생물학 분야 최고의 혁신 기술로 평가받고 있다.

바이러스에 대한 박테리아, 세균의 방어/면역체계를 연구하다가 발견되었다. 외부에서 바이러스 DNA나 플라스미드 DNA가 침입할 때, 박테리아는 이 외부 DNA를 자신의 유전자에 끼워 넣어 크리스퍼CRISPER, Clustered Regulatory Interspaced Short Palindromic Repeat를 형성한다. 크리스퍼와 연계된 단백질CRISPER-assocoated protein 9, Cas 9이 세포의 작용에 의하여 활성을 갖는다. 그러면 다시 침입한 외부 DNA를 인식하고 결합하여 외부 DNA를 절단함으로써 스스로를 보호하는 메커니즘이다.

정교하고 정확도가 매우 높아 미래의 기술로 기대된다. 2015년에는 돼지 세포주에서 인간에게 이식하는 데 적합하지 않은 유전자를 제거하는 데 성공하였고 현재 이를 활용한 작물, 가축의 생산량 증대 관련 연구가 진행중이다. Cas9을 이용한 면역세포치료제 임상도 승인되었다. Cas9으로 조작된 인공종자 GMO는 과거의 GMO와 달리 외부 DNA 도입 없이 자체 유전자 교정이므로 자연적 변이와 구별하기 어려워 GMO에 관한 규제를 받는 것이 불합리하다는 의견이다. 인공 종자, 유전자치료 등에 많이 활용될 전망이다.

최근 유전자 가위를 둘러싼 특허 분쟁이 시작되었다. 미국 특허청에서는 UC버클리, 브로드연구소(MIT와 하바드대가 공동 설립한 연구소) 그리고 한국의 툴젠 중에서 누가 원천기술을 개발했는지, 그래서 누가 특허권을 가질지 심사 중이다. 시장 규모와 파급력을 생각하면 세기의 특허 분쟁이다.

현재 유전자가위 기술은 대부분 GMO로 간주되어 관련 규제를 받는다. Non-GMO로 규정하자는 의견이 대두되었고 유전자가위 기술도 계속 발전하므로 보편화될 전망이다. 한국의 툴젠은 페튜니아, 대두에 유전자가위 기술을 적용하였는데 이는 규제 대상에 포함되지 않는다고 미국의 농무성 USDA의 확인을 받았다. 일본은 유전자가위 기술로 GABA 함량이 높은 토마토를 개발하였는데 안전성에 문제가 없는 것으로 판단되고 있다. GABA는 혈압상승은 억제하고 스트레스를 완화시킨다고 알려져 있다. 실제 일본에서는 GABA가 함유된 초콜렛이 판매되고 있다.

유전병 환자 치료의 희망도 있지만 유전자기술의 남용으로 혼란과 생태계 파괴의 우려도 있다. 개인의 유전 정보는 어디까지 보호받아야 하는가 하는 이슈가 중요할 것이다. 어떻게 유전 정보의 악용을 막을 수 있을까? 유전자치료와 성형의 한계와 범위도 중요한 이슈다. 사회의 공공성과 건전한 상식에 반하는 유전자 조작이란 무엇인가? 유전병 아이를 치료해 주고 싶다. IQ도 높게 태어나기를 바란다. 어디까지 교정을 허락할 것인가, 실제로 이것을 금지할 수 있는가 등이 이슈다.

유전자치료 등 유전정보 관련 일은 부자들에게 혜택이 많을 것이다. 기술 개발 초기부터 장기적으로 어떻게 하면 골고루 혜택을 받을 수 있을지도 중요한 이슈다.

예 : 목질계자원에서 얻는 에너지와 화학소재

바이오에탄올, 바이오디젤이 대표적인 바이오에너지로 실용화되고 있지만 바이오에탄올의 경우 아직은 카사바와 같은 녹말

자원이나 사탕수수와 같은 설탕 자원을 원료로 이용하는 수준이다. 장기적으로는 목질계 자원을 이용하여야 한다. 바이오매스 자원에서 에탄올이나 유용 화학 소재를 생산할 수 있다. 1세대 기술은 녹말starch 자원에서 포도당을 얻고 이 포도당을 발효시켜 에탄올을 생산했다. 사탕수수로부터 에탄올을 생산하는 기술도 포함한다. 2세대 기술은 섬유소(셀룰로오스) 자원에서 포도당을 얻고 이것으로부터 에탄올을 생산하는 것이다. 이 경우 목질계 셀룰로오스 자원에서 포도당 외에 자일로스xylose와 같은 5탄당hemicellulose과 리그닌lignin이 같이 얻어지므로 5탄당을 에탄올로 발효시키는 기술, 리그닌의 가치를 높이는 기술이 중요하다. 3세대 미래 기술은 조류 자원algal biomass으로부터 에탄올을 만드는 것으로 현실화에는 시간이 걸릴 것이다. 이 중 1세대 기술은 일반적으로 술 만드는 기술과 동일하다. 2세대 기술은 최근 실용화되기 시작한 것으로 캐나다의 아이오겐Iogen사, 미국의 블루파이어Bluefire사, 덴마크의 인바이오콘Inbiocon사 등이 공장을 건설했거나 계획하고 있는 신기술이다. 3세대 기술은 미래 기술로 연구개발중이다. 목질계 자원으로는 억새, 수수 등 성장이 빠른 식물이 검토되고 있으며, 폐종이, 폐목재 등도 고려되고 있다.

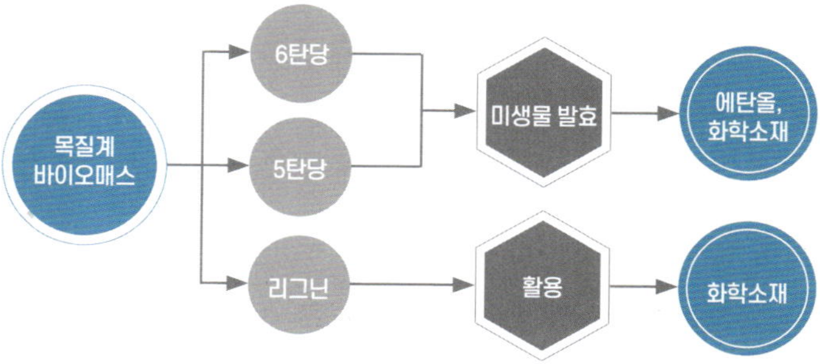

그림 3.20 목질계 바이오매스로부터 에너지와 소재 생산 공정

핵심은 대사공학

대사공학metabolic engineering이란 세포나 미생물의 대사작용을 조절해서 세포나 미생물을 이용하여 유용한 산물을 경제적으로 생산하는 기술이다. 예를 들면 그림 3.21에서와 같이 세포 내에서 대사작용을 하는 E_2 효소 유전자를 없애면knock-out C를 생합성하지 않는다. 그리고 E_3 유전자를 넣어주면, 원래 미생물은 생합성하지 않는, 우리가 원하는 제품 P를 생합성할 수 있다. 이 과정에서 병목이 되는 부분을 찾아 효소의 활성을 향상시켜주면 P의 생합성 양을 증가시킬 수 있고, 이것은 산업 경쟁력이 된다.

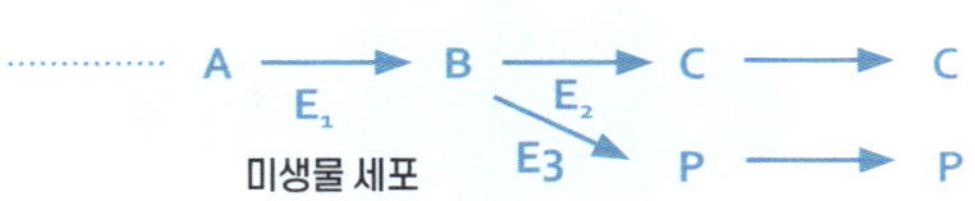

그림 3.21 대사공학 개념도

세포의 대사 단계별로 효소가 작용하는데 관련 효소를 없애거나, 새로 넣어줌으로써 대사작용을 바꿀 수 있다. 대사경로를 없애거나 반응에 관여하는 효소를 개량하는 것이 중요하다. 또 자연계에 존재하는 물질이 아닌 새로운 물질과 반응하도록 하는 것(기질특이성이라고 함)도 필요하다. 효소를 어떻게 개량하고 기질특이성을 바꿀 수 있는가? 이것이 효소공학이다. 대사공학에서는 궁극적으로 효소를 바꾸어줄 수 있는 효소공학 기술이 핵심이다. 효소 공학이란 효소의 활성을 높여 대사 반응을 높이는 것으로, 그러려면 효소의 구조와 기능의 관계를 잘 이해하여야 한다.

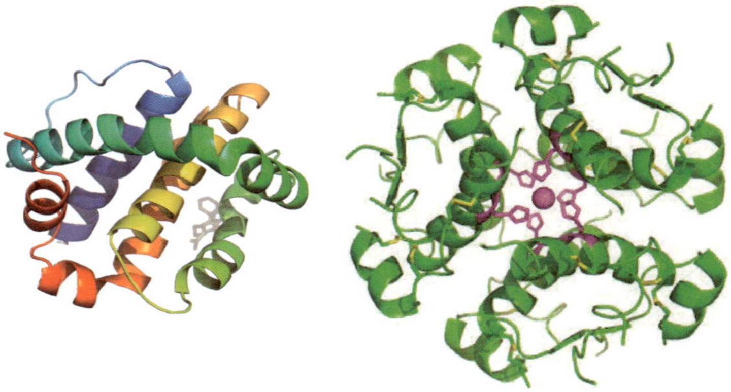

그림 3.22 단백질/인슐린 구조

단백질의약품 생산 기술

대사공학기술은 단백질 의약품을 생산하는 데도 이용된다. 단백질은 세포에서 만들어지나, 대량생산을 하려면 여러 다른 방법이 사용된다. 간단한 구조의 단백질(예: 인슐린)은 대장균에 유전조작을 하여 생산할 수 있다. 그러나 복잡한 구조의 단백질(예 : 항체)은 한계가 있어 유전자 조작된 동물세포를 이용한다.

항체 등 단백질은 3차원의 입체구조를 가지는데, 항상 같은 형태의 단백질을 만드는 것이 쉽지 않다. 인체에 주입하는 것이므로 순도도 매우 높아야 하고, 생산할 때 매번 동일한 단백질이 얻어졌는지 다양한 방법으로 검사한다. 동물세포는 매우 느리게 성장하므로 배양 도중에 잡균 등에 의하여 오염되면 심각한 문제가 발생한다. 깨끗한 환경, 물, 공기 등은 필수다. 불순물이 조금이라도 남아 있으면 인체에서 부작용이 생길 수 있어 여러 단계의 최첨단 분리 정제 기술을 사용한다. 그런 다음 보관이 가능하고 인체에 주입할 수 있도록 제제화하여[21] 생산하는 기술은 고도로 정밀한 첨단기술이다. 대량생산 시스템을 갖추는 것이 경쟁력 면에서 유리하다.

그림 3.23 동물세포를 이용한 단백질 치료제 생산 공정

5.3 제약비즈니스의 시작, 신약 연구개발

몸이 아픈 환자를 생각하면 치료약 개발이 중요하다. 기존의 약물 치료에 한계가 있으면 새로운 약을 개발해야 한다. 제약회사와 관련 벤처 기업, 그리고 대학과 연구소는 신약 개발에 노력하고 있다. 그런데 신약 개발은 쉽지 않다. 비용이 천문학적으로 필요하고 시간도 10여 년이 걸린다. 물론 우수한 인재가 기본이다.

세계 50위권 제약 회사에는 미국, 스위스, 일본, 프랑스, 덴마크, 독일, 아일랜드, 남아프리카, 벨기에, 캐나다, 호주, 이스라엘, 인도 등이 포함된다. 우리나라는 최근 매출 1조 원(약 9억 달러) 수준의 제약회사가 몇 개 생겼다. 이 규모는 매출 면에서 세계 50위 회사의 절반이고, 1위 회사의 1/50 수준이다. 글로벌 제약 회사들은 연구개발로 신약을 창출하고 글로벌하게 판매한다. 최근에는 신약 개발을 기업이 직접 하지 않고 open innovation 관점에서 외부의 좋은 연구 결과

21 제제화formulation : 약물을 투여하기에 적합한 형체와 성상으로 조제하는 것

를 기술 이전받아 임상을 하여 판매하는 방향이다.

표 3.5 세계 글로벌 제약회사 (2016) 금액; 억 달러

순위	회사	국적	매출	연구개발 예산
1	Pfizer	미국	459	78
2	Novatis	스위스	416	79
3	Roche	스위스	396	87
4	Merck	미국	356	98
5	Sanofi	프랑스	342	57
10	Amgen	미국	219	38
13	Teva	이스라엘	185	21
19	Takeda	일본	128	29
30	SunPharma	인도	48	4
50	Ferring	미국	21	3

제약기업은 석유화학, 철강 산업과 비교하면 다품종 소량생산이 특징이다. 연구개발을 통해 더 좋은 약, 신제품을 계속 출시해야 한다. 그렇지 못하면 경쟁력을 상실한다. 글로벌 제약회사들은 연구개발에 막대한 투자를 한다. 세계 1위 제약사인 화이자는 년 8조 원 이상, 19위인 다케다사는 3조 원 이상, 50위인 페링사는 3000억 원 이상을 연구개발비로 사용한다. 우리나라 최대규모의 제약회사들은 이제 매출 1조 원을 달성했으니 연구개발에 한계가 있다. 그래도 20년 전부터 제약산업의 중요성이 인식되어 신약개발 연구에 투자하고 있다. 수많은 벤처기업이 생겨나고 이제는 인프라가 어느 정도 갖추

어지고 있다.

신약 하나를 개발하는 데 평균 14년이 소요되고, 20억 달러 이상의 비용이 소요된다고 한다. 제약산업을 키우려면, 특히 우리나라처럼 제약회사의 규모가 작으면 많은 어려움이 예상된다. 제약 관련 산업을 발전시키려면 이러한 기간과 비용을 극복해야 한다.

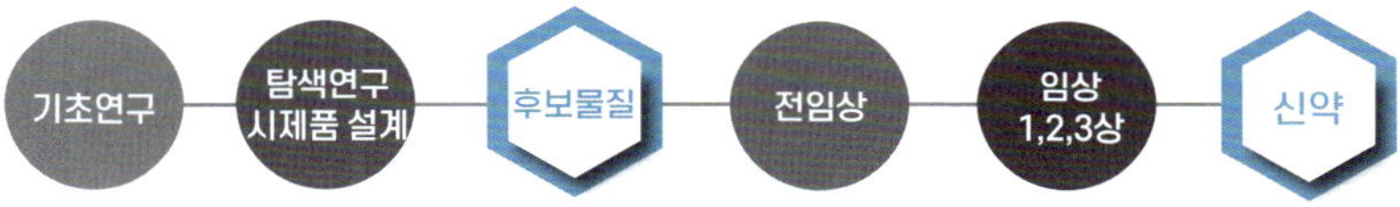

그림 3.24 신약 개발의 단계. 1만 개의 후보 물질에서 14년 후 1개가 실용화된다.

비임상시험은 동물에게 약물을 투여하여 유효성, 안전성, 약물동태와 부작용 유무를 시험한다. 임상1상에서는 건강한 지원자를 대상으로 사람에서의 안전성과 약물의 흡수, 대사, 배설과 같은 약물동태 시험을 수행하고, 2상시험에서는 적정수의 환자들을 대상으로 유효성과 적정 투여량 등을 검토하고, 3상에서는 많은 환자를 대상으로 광범위한 약효와 부작용 시험을 수행한다.

기술을 이전하는 경우 기술료royalty를 받는다. 제약 분야에서의 기술료는 실용화 단계milestone 에 따라 받는다. 예를 들면 기술을 이전한 시점에서 계약금(downpayment라고 함)을 받고 임상 단계별, 시제품 생산 단계에서 일정액을 받는다. 실용화되면 매출액의 일정 비율running royalty을 받는다. 물론 중간에 임상 시험에서 실패하거나 사업상의 이유로 실용화까지 가지 않으면 더 이상의 기술료는 지급되지 않는다. 언론에서 천문학적 규모의 기술료를 받고 기술이전을 했다는데 이는 실용화까지 간 경우다. 중간에 임상 단계에서 진행을 더 이상 하지 않으면 실패한 것으로 보도되는데 이는 제약 산업의 특성을 잘 이해하지 못한 것이다. 기술 이전한 것 중에서 극히 일부만 실용화되는 것이 현실이다.

신약개발 대상

항암제, 심혈관 치료제, 당뇨병 치료제 등은 여전히 중요하고, 알츠하이머질병 등 뇌질환 치료제, 차세대 항생제, 희귀병 치료제, 바이오시밀러/바이오베터, 인플루엔자 백신/치료제 등이 개발중이다.

항암제도 암세포를 직접 공격하는 1세대 화학 항암제에서, 암 관련 유전자를 공격하는 2세대 표적 항암제로, 최근에는 면역력을 강화해 암세포의 면역회피 기능을 마비시키는 3세대 면역 항암제로 계속 진화하고 있다. 1세대 항암제는 암세포를 죽이는 방식인데 이 과정에서 정상세포까지 공격 당해 머리카락이 빠지는 등 부작용이 있다. 표적 항암제는 이상적이지만, 현재 표적 대상이 제한적이고 내성이 생기면 치료효과가 급격히 떨어진다. 3세대 항암제는 암환자의 면역력을 키워 암과 싸우게 하는 방식으로 역시 이상적이다. 아직 치료할 수 있는 증상이 많지 않아 연구가 필요하다. 그러나 부작용이 적어 보다 광범위한 치료에 사용할 수 있을 것으로 전망된다. 2015년 면역 항암제 시장은 16억 달러였으나 급격히 성장하여 2020년 350억 달러로 추정된다. 항암제 투여도 암세포에만 선택적으로 결합하는 약물 전달 방식이 시도되고 있다. 항암 치료는 약물 전달 기술의 발전, 전통적인 외과수술, 화학요법, 방사선 요법 외에 면역항암제 치료가 도입되어 암 환자의 치료는 개선될 것이다. 환자에게는 반가운 소식이고 기업에게는 기회다.

사례: 새로운 항생제

2016년 9월 미국 네바다주에서 한 여성환자가 사망했다. 어떤 항생제로도 치료가 불가능하였다. 미국에서 구할 수 있는 26개의 항생제에 모두 내성을 보였다. 미국에서는 연간 23,000명이 항생제가 듣지 않는 세균감염질병으로 사망한다. 세균의 항생제 내성이 점점 더 심각해지고 있다. 영국 정부는 2050년에는 세계적으로 1000만 명이 항생제 내성 질병으로 사망할 것이라고 예측할 정도다.

옛날에는 몸이 아프면 어떻게 치료했을까? 오랜 경험으로 자연에 있는 물질로 치료할 수 있다는 것을 알았고 허준의 동의보감에서와 같이 천연물을 이용하는 방법이 정착되었다. 그러다가 화학 기술의 발달로 천연물의 주성분을 합성하거나 별도로 합성하여 의약품으로 사용하였다. 대표적인 것이 아스피린이다. 그래도 몸에 상처가 생기면 많은 경우 목숨을 잃었다. 오래 전에는 몸에 상처가 생기면, 그곳으로 세균이 침입하고 증식해서 죽음에까지 이르렀다. 전쟁에서는 수많은 군인이 부상당하거나 사망하였다. 질병의 원인으로 미생물/세균을 연계한 사람은 1860년대 초 파스퇴르다. 세균 감염에 의한 질병은 치료 방법이 마땅치 않았다.

그러다가 항생제를 알게 되었다. 1900년 이후의 의약품 관련 돌파구는 페니실린의 발견이다. 플레밍이 페니실린을 발견한 후 수많은 항생제가 개발되어 세균으로부터 목숨을 구하였다. 그러나 다양한 암, 에이즈, 바이러스 질병, 성인병 등으로 인간은 여전히 고통 받고 있다. 여러 치료약이 개발되고 예방목적의 백신 등이 선을 보였으나 만족할 단계는 아니다.

영국의 플레밍Alexander Fleming은 실험 도중 페트리접시petri dish가 자주 오염되는 현상을 생각하다가 1928년 페니실린을 발견했다고 한다. 영국은 페니실린을 대량으로 생산하려고 많은 노력을 기울였으나 성공하지 못했다. 세균에 감염된 부상병 등 수많은 환자를 치료하려면 대량의 페니실린이 필요한데, 실험실적인 방법으로는 한계가 있었다. 본격적인 산업화는 미국의 화이자Pfizer가 1942년에 성공했다. 화이자는 곰팡이를 배양할 수 있는, 미생물을 대량으로 배양하는 기술을 확보하고 있었기 때문이다. 화이자는 매우 큰 용량(10~100m^3톤 규모)의 미생물 배양 탱크에 미생물 성장에 필요한 영양분과 공기를 공급하고 온도를 최적으로 조절하는 등의 공학기술을 이용하여 곰팡이 배양과 페니실린 생산에 성공했다.

페니실린 발견의 영광은 영국이, 산업화에 의한 수익은 미국이 가졌다. 페니실린이 대량 생산되면서 많은 환자가 혜택을 받았다. 이후 수많은 항생제가 발견되고 실용화되는 항생제 춘추전국 시대를 맞이했다.

이제 세균에 의한 질병은 항생제로 잘 치료될 줄 알았는데, 세균도 생명체이므로 방어 본능이 있어 항생제에 효과가 없는 경우가 생겼다. 조사해보니, 세균이 효소를 만들어 페니실린을 분해하고 무력화시켰다. 세균의 유전자에 그러한 기능이 있는데 그 기능이 작동된 것이다.

그러면 세균을 막을 방법이 있을까? 첫째는 세균이 페니실린을 분해하지 못하도록 페니실린의 구조를 바꾸는 것이다. 이러한 발상에서 다양한 반합성페니실린semisynthetic penicillins이 등장하여 지금도 사용된다. 두 번째는 세균이 분해하지 못하는 새로운 항생제를 찾아내는 것이다. 이러한 노력으로 세파로스포린계cephalosporins 항생제가 발견되어 역시 광범위하게 사용되고 있다.

세균은 항복했을까? 세균은 다시 이 모든 항생제를 무력화시키고 최근에는 슈퍼 박테리아까지 등장했다. 우리는 어떻게 하여야 하는가? 역시 새로운 항생제를 찾아내야 한다. 이제 기존의 항생제를 개량하는 정도로는 부족하다. 새로운 개념으로 세균을 무력화시켜야 한다. 수많은 과학자가 연구하고 있으므로 곧 신개념 항생제가 속속 개발될 것이다.

그러한 노력으로 2018년에는 슈퍼 박테리아를 죽이는 새로운 항생물질 말라시딘malacidins이 개발되었다. 토양에서 새로운 항생제를 탐색하는 기존 방식이 아닌 메타지노믹스[22] 방식으로 환경 시료에서 유전자를 찾아 항생제를 만들었다.

신개념 항생제가 생산되어도 여전히 새로운 문제가 발생할 수 있다. 새로운 항생제는 또 개발될 것이다. 2035년에는 내성균 문제가 해결된다는 기대도 있고, 인간은 세균에게 질 것이라는 부정적 시각도 있다.

그러나 이러한 결과는 항생제 남용에도 원인이 있다. 항생제 남용을 막으려는 방법도 다양하게 제시되고 있다. 특히 우리나라는 항생제 남용이 큰 보건문제다. 질병을 정확히 진단하고 거기에 맞는 항생제를 사용하여야 한다. 기본적으로 인간의 면역력을 회복시키고 높여야 하므로 다양한 자연요법에 대한 관심도 늘고 있다.

22 메타지노믹스metagenomics : 다양한 미생물이 섞인 환경 샘플의 DNA로부터 그 안에 어떤 유전자가 있는지 알아내어 활용하는 분야

이러한 항생제 이슈는 가축에게도 해당된다. 우리가 키우는 소, 돼지, 닭 등 가축도 질병을 막으려고 사료에 항생제를 첨가한다. 그러다보니 우리 식탁에 오르는 고기에도 항생제가 남아서 이것이 사람에게 전해진다. 그러다보니 잔류 항생제 없는 고기를 원하고, 가축을 항생제 없이 키우는 방식으로 점차 바뀌고 있다. 가축의 면역력을 높여주는 물질을 사료에 첨가하는데, 유산균 제제 등 프로바이오틱스[23]를 사용한다. 이러한 사료를 먹은 가축은 세균뿐 아니라 바이러스 등 다른 질병에도 면역력이 높은 것으로 알려져 최근에는 이러한 자연 면역 향상요법이 각광을 받고 있다.

근래 가장 많이 나타나는 항생제 내성균은 메티실린 내성 황색포도알균MRSA이며 반합성 페니실린에 내성이 있다. 최근 젖소에게 MRSA가 확산되는데 가축관련 종사자들이 전파의 원인일 수 있다. 그렇다면, 항생제 내성은 인간, 동물, 환경의 통합적 접근이 필요하다.

항생제 내성균, 슈퍼박테리아는 존재하지만, 항생제는 세균에 대한 질병에 대체로 효과적이다. 항생제 시장은 의약품 시장에서 규모가 제일 컸으나 최근에는 항암제, 심혈관 질환 치료제 등의 규모가 더 크다. 기존 시장은 많은 기업이 시장을 나누어 가지고 있으므로 새로운 진입이 어렵다. 제약회사는 새로이 창출되는 기술과 시장이 사업 기회므로 항생제를 포함하는 새로운 개념의 제품, 새로운 시장에 진출하려고 노력하고 있다.

23 프로바이오틱스probiotics : 인간이나 동물 등 숙주의 건강에 유익한 효과를 나타내는 미생물이나 그 성분, 인간에게는 유산균이 대표적이다. 프리바이오틱스prebiotics는 올리고당이나 특정 채소 등 프로바이오틱스에 유익한 성분

우리나라는 1980년대 초 영진약품에서 반합성페니실린의 원료가 되는 6-APA를 생산하여 수출하였다. 1990년대에는 CJ제일제당에서 미생물을 이용하여 세파로스포린 항생제를 생산하였고, 2000년대에는 벤처기업인 아미코젠이 항생제 관련 신기술을 개발하여 수출하고 중간체를 생산하고 있다.

세계시장은 300억 달러 규모로 화이자, 애보트, 아벤티스 등 세계적인 제약회사가 독점하고 있지만, 성장은 연 2% 내외로 크지 않다. 새로운 개념의 슈퍼항생제가 새로운 성장동력이 될 것이다.

최근에는 유전자가위로 세균의 항생제내성 유전자를 자르는 기술이 연구중이다. 크로모솜과 플라스미드에 있는 유전자를 자르는 기술이 개발되고 있다. 이 기술은 획기적이어서 실용화되면 슈퍼세균을 이길 수 있는 강력한 수단이 될 것이다.

페니실린 항생제와 세균 전쟁

페니실린은 세균을 만나면 세포벽 합성을 막아 세균을 죽인다. 시간이 지나니 세균이 페니실린의 구조를 잘라 무력화시켰다. 페니실린의 특정 구조를 자르는 효소를 만들기 때문이다.

원래 페니실린의 구조와 다른 페니실린을 만들어(반합성 페니실린semisynthetic penicillin이라고 함) 인체에 투여하면 세균이 분해시키

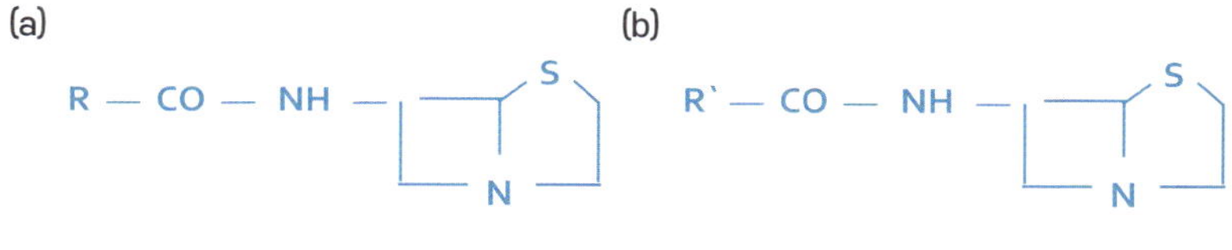

그림 3.25 페니실린 구조 모식도 (a) 초기에 발견한 페니실린 구조 (b) 반합성 페니실린의 구조, R 대신 다른 R`를 도입했다.

지 못하고 죽는다. 그런데 시간이 경과하니 새로운 구조의 페니실린도 분해시켜 항생제 약효가 없었다.

5.4 농업에도 친환경 바람

비료와 농약의 사용은 토양을 산성화시켜 척박하게 하며, 생태계가 파괴되고 잔류 농약은 인체에 위해하다. 게다가 비료와 농약은 땅에 스며들어 지하수를 오염시킨다. 대안은 유기농이다. 화학비료 대신 퇴비를 사용하였다. 병충해는 식물의 자생력에 의존하였다. 그 결과 생산량은 비료와 농약을 사용할 때보다 줄었다. 그래서 유기농은 찬반이 많다. 부자나 잘 사는 유럽 국가 등에서는 유기농 제품을 선호한다. 유럽에 농산물 제품을 수출하려면 유기농이어야 한다. 게다가 최근 지구 온난화로 탄소중립이 강조되면서 친환경 농업이 강조되기 시작하였다.

유기농 (친환경농업) 방식으로 과일을 재배하면 과일이 쉽게 무르지 않는다고 한다. 농작물의 면역력이나 자생력이 강해져 세균이나 곰팡이의 공격에 잘 견딘다는 것이다. 유기농의 장점인 환경 보전과 자생력은 살리고, 단점인 적은 생산량을 극복할 수 있을까? 선택의 문제가 아니다. 많은 이들이 제 3의 해답을 찾고 있다.

바이오농약도 하나의 해결책이다. 바이오농약은 자연계의 미생물이나 식물의 대사산물을 이용하므로 환경에 영향이 거의 없다. 이것도 일반 농약에 비해 효과는 적다. 어느 나라를 방문하였더니, 버리는 농산 폐기물을 농약으로 이용하려고 연구하는데, 어느 정도 효과적이라고 했다. 비료를 공중에서 살포하지 않고 뿌리 주위에 필요한 만큼만 공급해서 사용량을 최소화한 사례도 있다. 아직 비료와 농약, 유기농 이슈가 해결되지 않은 시점이 연구개발과 사업화의 기회다. 제3의 해답은 새로운 일자리와 먹거리로 나타날 것이다.

이런 방식은 가축에도 해당된다. 닭이나 돼지를 키우는 축사를 생각해 보자. 좁은 공간에 가둬 기르며 먹이를 준다. 가축의 운동량이 적으니 몸이 허약해져서 세균에 의한 질병에 걸리기 쉽다. 그러니 항생제가 포함된 먹이를 준다. 분뇨도 처리해야 한다. 그런데 축사에서 나오는 폐기물 처리는 중요한 환경 보전 이슈다. 가축의 분뇨가 하천으로 유입되면 오염이 심각하다. 가끔 AI, 구제역 등이 유행하면 엄청난 수의 가축을 매몰하거나 도살하여 병의 확산을 막는다.

친환경 농업이 답이다.

자연에 방사하여 키우거나, 상대적으로 넓은 면적에서 자유롭게 움직이도록 키우면 상대적으로 세균이나 바이러스의 공격에 강하다고 한다. 분뇨도 생각해보면 조성은 유기물이다. 그러니 톱밥 등을 섞어 자연 발효시키면 도리어 사료로서의 가치가 있다. 이렇게 생각하면 새로운 비즈니스 기회다.

가축이 바이러스에 감염되면 피해를 줄이려고 감염이 확인된 지역 근처의 가축을 매몰 처분한다. 이러한 상황이 매년 반복된다. 어떻게 할 것인가? 가금류도 문제다. 좁은 공간에 닭이나 오리를 빼곡히 가두어 놓고 사료 위주로 키우면 면역력이 떨어져 질병에 걸리기 쉽다. 철새가 옮기는 바이러스 질병도 막기 어렵다. 수시로 검사/진단하고 발견되면 신속히 대처하여야 한다. 백신도 대안으로 거론되고 있으나, 네덜란드, 일본 등에서는 부정적이다. 백신을 투여한 가금류는 수출에 지장을 받을 수도 있다.

역시 가축도 이것이냐 저것이냐 선택의 문제가 아닌 제3의 해답이 필요하다. 제3의 해답은 찾고 있는가? 항생제 사용을 줄이거나 없애고, 바이러스성 질병에도 강하게 만드는 방법을 연구중이다. 프로바이오틱스Probiotics 개념이 등장했다. 항생제 대신 먹이를 잘 선택하면 가축이 건강해져서 웬만한 세균의 공격은 이겨낸다. 가축용 프로바이오틱스 사업, 새로운 가축 사육 방식 등이 새로운 비즈니스다. 중국에서는 가축 사육도 인공지능과 연계하여 가축을 건강하게 기르는 방식이 실용화된다고 하니 문제의식은 새로운 비즈니스의 기회다.

친환경 농업의 또다른 예는 소를 기르지 않고 인공적으로 고기를 만드는 것이다. 인공육에 대한 관심이 증가하고 있다. 콩 단백질을 기본으로 고기 맛이 나는 식물성고기는 나온지 오래다. 식감이 고기와는 달라 소비가 제한적이었다. 그러나 최근 들어 고기와 같은 식감에 맛도 좋아져 수요가 늘고 있다. 식물유래 음식을 찾는 소비자도 크게 증가하고 있다. 최근에는 세포 조직을 인공 배양하여 인공육을 만드는 기술이 개발되고 있다. 근위성세포 또는 만능줄기세포로부터 배양육을 만드는 기술을 연구중이다. 아직은 비슷한 맛을 내는 것, 비싼 가격 등이 문제지만 기술의 개발이 맛과 가격 모두를 만족시킬 것이다. 기존 연어보다 훨씬 더 큰 유전자조작 연어의 판매도 승인되었다. 식량 부족, 특히 단백질 식량을 공급하는데 크게 기여할 것으로 기대된다.

콩으로 만들든, 조직배양으로 만들든, 아니면 유전자 조작된 물고기로부터 얻든, 고기맛 나는 단백질원의 다양화는 중요한 이슈다. 맛 문제는 현재 열심히 연구중이고 맛있어지고 있으니 다음은 경제성이다. 얼마나 저렴하게 인공육을 보급할 수 있느냐가 지구환경 문제를 어디까지 해결할 수 있을지 결정한다. 글로벌 산업으로 연결되는 이슈다. 2025년에는 고기 수요의 10%를 대체하지만, 2040년에는

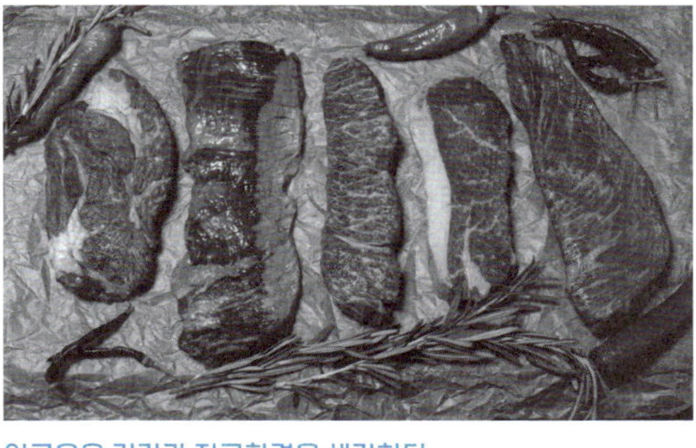

인공육은 건강과 지구환경을 생각한다.

배양육이 35%, 식물성고기가 25%, 합하여 고기 수요의 60%를 대체할 것으로 예측한다. 새로운 대규모 비즈니스 기회다. 현재 식량 작물의 1/3이 사료로 사용되고, 중국 등에서의 고기 수요가 늘어나면서 사료의 수요도 더욱 증가하고 있다. 인공육 도입은 식량 작물 공급에 여유를 줄 것이다. 가축이 배출하는 온실가스가 전체의 15%라는데 온실가스도 현재 수준을 유지하거나 감소시킬 방법이다. 탄소세도 적용되면 인공육의 경쟁력은 더 좋아질 것이다. 또 구제역, 조류독감, 광우병, 아프리카돼지열병 등으로 고기의 공급이 불안정해질 수 있는데 인공육의 사용은 이 점에서도 유리하다. 우리나라에서도 셀미트, 다나그린, 씨위드, 노아바이오텍 등이 연구하고 있어 2~3년 내에 실용화가 될 것으로 예측된다.

환경보전 산업

환경문제는 오래 전부터 우리 사회의 중요 문제였다. 공기, 물, 폐기물과 관련하여 이슈가 많다.

표 3..6 우리 주위의 환경 이슈

구분	문제	이슈
공기	이산화탄소 배출	지구온난화의 주원인
	자동차 배기가스	미세먼지, 대기오염
물	가정 하수	유기물, 질소, 인
	공장 폐수	유기물, 중금속 등 독성 물질
	물 부족	수자원 관리, 해수담수화
폐기물	플라스틱	자연에서 분해가 되지 않음

	음식 쓰레기	재활용의 한계
	도시쓰레기	매립이나 소각 이외의 대안 필요
해양	기름 유출	해양 생태계 파괴
	적조	양식 피해

위의 이슈들은 1970년대부터 문제였다. 우리나라는 1980년대 후반부터 환경에 대한 관심이 높아지면서 대학, 연구소, 기업 등에서 많이 연구했으나 다른 분야에 비하여 발전 속도가 느리다. 환경문제를 비용 문제로만 생각하는 사고방식이 제일 큰 문제다. 우리의 생존을 위한 보존으로 여기거나 비즈니스로 연결이 잘 안 되었다. 환경 신기술로 인정받는 절차도 복잡하여 벤처 기업 탄생도 어렵고, 수익을 낼 수 있는 비즈니스 모델과 연계되지 않았다.

상황이 바뀌어야 한다. 환경에 대한 우리의 관심을 비즈니스와 연계하여 기술을 개발하고 글로벌하게 진출해야 한다. 다른 나라의 상황도 크게 다르지 않다. 우수한 기술로 시장을 선점하는 것이 시급하다. 표 3.6의 환경 문제 상당수는 바이오기술로 해결될 수 있다. 지금이 바이오환경 산업을 발전시킬 수 있는 좋은 기회다.

적조를 생각해 보자. 여름이면 남해안에서 적조가 발생하여 바다에 설치해 놓은 양식장이 피해를 보았다는 뉴스가 나온다. 연례행사인 듯하다. 황토를 바다에 뿌려 피해를 줄이려는 장면도 보인다.

나라에서는 어민들에게 적절히 보상해준다. 이것이 우리가 할 수 있는 일이다. 국책 연구소가 적조를 줄이기 위한 연구를 한다. 예산이 많이 투입된 지 오래건만 좋은 소식은 별로 들리지 않는다. 호수와 강에는 녹조가 생겨 먹을 물이 걱정이다. 언제까지 이런 일이 반

적조의 바다

복될까? 과학기술의 발달은 가히 혁명적이라는데, 적조와 같은 환경 문제에는 진보가 안 보인다. 머지않아 환경 분야에서도 혁명적인 발전을 기대한다.

적조, 녹조의 원인은 무엇인가? 대부분 물속에 질소와 인 성분이 많이 녹아 있어 문제다. 질소, 인은 비료 성분이다. 물속에 질소, 인이 많으면 수생식물이 잘 자란다. 그 과정에서 녹조와 적조가 생긴다. 그러나 온도가 높으면 성장이 빨라지니, 한여름에 피해가 심해진다. 여러 해결 방법이 시도되고 있다. 황토를 뿌리면 황토에 적조가 달라붙어 바닥으로 가라 앉아 단기적으로는 피해가 줄어 든다. 그러나 비싼 황토를 바다 전체에 뿌릴 수는 없다. 적조가 시작되기 전에 예보를 할 수는 있다. 양식중인 물고기를 미리 다른 곳으로 옮긴다. 이것도 한계가 있다. 적조를 없애는 다른 적조를 배양하여 넣는 방법도 연구중이다. 그러나 애초의 문제는 물속에 질소, 인 성분이 많은 것이므로 강으로 유입되는 하수에서 질소와 인 성분을 없애야 한다. 그래서 환경 기준치가 설정되어 있다. 기준치는 질소와 인 성분의 농도를 줄이는 것이 초점이다.

적조 방지 이슈와 비즈니스

근본적으로는 질소와 인을 없애야 한다. 몇 가지 사고의 전환이 이루어지고 있다. 첫째, 질소와 인 둘 중 하나를 없애면 된다는 단순한 과학 상식이다. 둘 다 없애려면 비용이 만만치 않다. 하나만 없애도 되고, 그러면 비용이 상당히 줄어든다.

둘째, 일년 내내 둘 다 없애는 것이 아니라 여름철이나 적조 발생이 예상되는 시점에 배출을 줄이는 것이다. 한 시즌에만 질소나 인의 농도를 줄이면 되므로 역시 비용을 줄일 수 있다.

셋째, 질소와 인을 모두 제거하는 기술의 개발이다. 인을 흡착시켜서 제거하는 신기술이 나왔다. 질소 성분은 특정미생물을 이용하는 신기술이 알려졌다. 질소와 인을 동시에 제거하려면 미생물을 이용하는데 호기적(산소 공급), 혐기적(산소 차단) 공정을 순서대로 사용하므로 필요한 면적도 넓고 비용도 많이 든다. 새로운 기술은 넓은 땅이 필요 없다. 비용도 현재보다 저렴하다고 한다. 남은 일은 실제 하수나 강물에 적용하면서 대량처리 기술로 완성하는 것이다.

넷째는 빅데이터 기술을 적용하여 발생 조건과 시기를 예측하는 것이다. 한 두 방법으로는 복잡한 메커니즘의 녹조, 적조를 없애기 쉽지 않으나 여러 방법을 병행한다면 가능성은 높아진다. 여러 기술의 개발과 사고의 전환이 이루어지면 머지않아 녹조, 적조는 옛이야기로 남을 것이다.

기술 개발 과정과 현장 처리 관련하여 다양한 비즈니스가 생겨난다. 녹조와 적조를 예측하고 측정하는 사업, 질소나 인을 없애는 여러 신기술의 개발과 적용 사업 등이다.

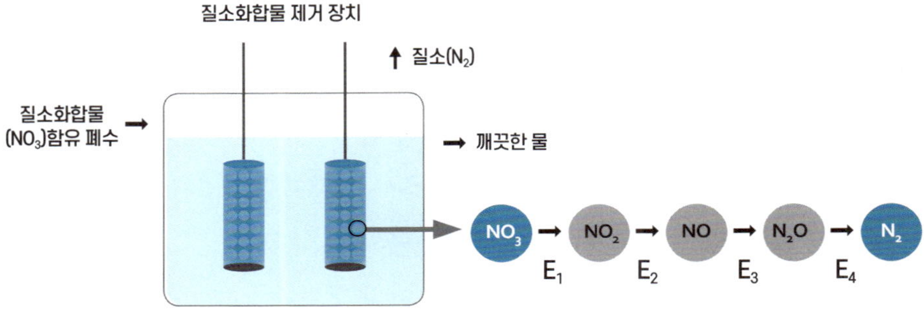

그림 3.26 적조의 원인인 물속의 질소화합물 제거 신기술. 미생물 내에 존재하는 네 효소 (E_1~E_4)에 의하여 질산성 질소는 질소로 변환된다.

근본적인 이슈들

환경적으로 이산화탄소에 의한 지구 온난화 방지가 제일 중요하고 지역에 따라 깨끗한 물을 위한 하수나 폐수 처리, 친환경세제 사용으로 수계 보전, 녹조나 적조 방지, 친환경농업에 의한 땅의 회복 등이 이슈다. 이 외에도 해결해야 할 문제가 많다. 이들은 기술 개발에 따라 새로운 비즈니스가 되어 경제 발전에도 기여한다. 한 예로 도시에서 발생하는 고형폐기물, 도시쓰레기를 보자. 현재는 병, 플라스틱 등을 분리 수거하여 재활용하고 나머지는 소각하거나 매립하고 있다. 그러나 폐기물의 조성을 생각하면 새로운 기회가 생긴다. 모래, 쇠 조각 등의 고형물을 제외하면 대부분이 유기물이다. 유기물을 바이오자원이라고 생각하면 활용 가치가 높다. 유기물 바이오자원으로부터 얻을 수 있는 것이 많다. 문제는 경제성이다. 기술개발 초기에 환경 영향을 경제성에 고려한다면 바이오자원의 활용은 의미 있고, 나아가 지구를 아끼는 것이다. 문화적인 의식 못지않게 경제적인 동기도 중요하다.

4

바이오경제
혁신의
배경과 방법

새로운 기술은 새로운 산업을 만들어 내고 경제와 사회의 변화를 유도한다. 그렇게 보면 사회 변화의 시작은 새로운 기술의 개발이다. 기술의 개발과 발전은 어떻게 이루어지는가? 기술이 발전하려면, 그래서 발전된 사회를 준비하려면 무엇이 필요한가? 산업혁명과 바이오 기술의 발전을 살펴보고 여기서 얻은 교훈을 바이오 경제 발전을 위한 전략에 활용하고자 한다. 연구는 기술개발로, 기술개발은 관련 산업을 발전시키고 경제로 연결된다 새로운 경제의 시작은 연구개발이다. 혁신의 시작은 연구개발이다. 혁신을 이루기 위한 방법과 조건을 살펴보자.

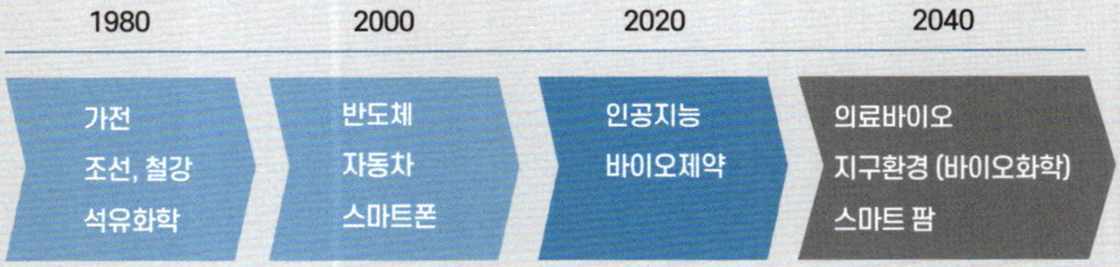

그림 4.1 우리나라 주요 산업 변화 트렌드 (20년 단위로 생각함)

1. 기술의 발전과 변화의 배경

미래는 바이오 시대다. 아니 바이오 시대는 이미 시작되었다. 더 발전시켜서 바이오경제로 연결하려면 지금까지 산업의 발전 배경을 살펴보는 것이 필요하다. 어떤 배경에 의하여 기술이 개발되는지, 혁신으로 가는 길은 무엇인가 살펴보아야 한다. 『패권의 비밀』에 배경이 자세히 소개되어 있다. 인터넷에 혁신과 관련한 수많은 저서와 강연자료가 있다. 여기에서는 산업혁명과 바이오산업의 발전 배경을 간단히 살펴본다.

1.1 산업혁명 배경

혁명이란 급격하고도 엄청난 파급효과를 가져오는 사건이다. 프랑스혁명·4·19혁명·산업혁명 등이 그렇다. 산업혁명을 구분하는 방법은 여러 가지다. 대체로 18세기 중엽의 증기기관 발명을 1차 산업혁명으로, 19세기 중엽의 전기 발명을 2차 산업혁명, 20세기 중엽의 컴퓨터가 리드하는 정보화 산업을 3차 산업혁명이라 한다. 증기기관과 전기의 발명이 노동을 대신하고, 증기기관이 만든 에너지를 저장해서 편리하게 사용하게 된 것, 모두 가히 혁명적이다. 컴퓨터와 반도체의 발명으로 정보를 쉽게 저장하고 활용하게 된 것도 역시 혁명적이다. 또 다른 분류 방식인 농업–전통적인 산업–정보화로 이어지는 산업혁명의 배경을 간단히 살펴보자.

반복되는 경험을 생각한다

오래 전에 인류는 어떻게 생활하였을까? 사냥하고 나무 열매를 따 먹었다. 그러다가 누군가가 곡식이 떨어진 자리에서 다음 해에 새로운 싹이 나오고 시간이 흐르니 곡식이 열리는 현상을 관찰하고, 다음 해에는 일부러 곡식을 땅에 뿌려보면서 농사가 시작되었을 것이다. 농사로 밭에서 곡식과 야채를 얻고 가축도 키우게 되었다. 가축은 밭 농사에도 도움을 주고 사냥을 나가지 않아도 되었다. 농업은 인류의 역사를 많이 바꾸었다. 먹을 것을 찾아 산과 들을 헤매지 않아도 되고, 그러다 보니 마을 공동체가 생겼다. 이것이 1차 산업혁명, 농업혁명이다. 인류는 이런 방식으로 오랜 기간 살았다.

농업혁명은 단순히 오래 전 농경사회의 시작이 아니다. 농업혁명의 배경은 곧 사회의 발전 배경이다. 반복되는 경험, 우연한 현상을 호기심을 가지고 생각하는 것이 변화를 가져온다. 이러한 예는 과학기술 분야에 많다. 페니실린의 발견, 포스트잇, 비아그라 등의 발명은 유명하다.

우수한 인재가 세상을 바꾼다

인류는 목화를 재배하여 면 섬유를 만들고, 양을 키워 양털로 옷을 만들어 입었다. 이러한 과정은 손으로, 사람의 힘으로 하였다. 그러다가 18세기 후반 제임스 와트가 증기기관을 발명해서 사람의 노동력에 의존하던 수많은 일을 기계가 하게 되었다. 이것을 산업혁명이나 2차 산업혁명이라고 한다.

당시에는 증기기관의 발명으로 인한 기계화 때문에 방직공장 노동자 같은 사람들이 일자리를 잃을까 걱정하고 심지어 기계를 부수기도 했다. 그러나 시간이 지나 사회 변화에 적응하고, 또 새로운 일자리가 만들어지면서 그런 걱정은 더이상 문제되지 않았다.

산업혁명의 시작을 증기기관의 발명이라는데, 따지고 보면 제임스 와트의 증기기관은 사실 이미 존재하던 토마스 뉴커먼의 증기기관을 제임스 와트가 개량해서 효율성을 높여 실용화에 성공한 것이다. 마침 영국이 인도를 지배하던 시기라, 인도에서 목화를 가져다 면직물을 짜기 시작하면서 증기기관이 기술적으로 손쉽게 면직물을 짜는 데 활용되었다. 산업혁명의 기폭제가 된 것이다. 또다른 배경으로는 그 당시 인재들이 종교 탄압을 피해 영국, 독일 등으로 모여들어 산업혁명을 위한 인프라가 만들어졌다. 우수한 인재 확보는 기술 개발과 산업 발전에 필수다. 지금도 국가는 우수 인재가 국가의 미래라고 생각하고 기업도 우수한 인재를 채용하려고 열심이다.

정보화, 인공지능 : 새로운 비즈니스의 기회

그러더니 컴퓨터가 발명되고, 1980년대 초에 286컴퓨터가 소개되면서 컴퓨터혁명이 일어났다. 컴퓨터를 개인이 하나씩 갖게 되면서 퍼스널 컴퓨터PC로 새로운 방식의 일이 가능해졌다. 인터넷이 생기고, 궁금한 정보를 쉽게 찾으면서 우리의 생활은 변화하기 시작하였다. 이동통신의 발달은 스마트폰으로 연결되는 세상을 만들었다. 이것을 정보화혁명, 3차 산업혁명이라고 부른다.

이에는 반도체 기술과 다양한 소프트웨어의 발전이 큰 기여를 하고 있다. 정보화는 개인의 정보 획득이나 소통은 물론, 우리의 문화, 정치, 금융 등 사회 전반에 걸쳐 많은 변화를 주고 있다.

컴퓨터, 반도체, 스마트폰, 인터넷 기술의 발전은 새로운 비즈니스와 관련된 수많은 기업을 만들어 냈고 수많은 인력을 채용하였다. 새로운 기술은 새로운 기업과 산업을 만들고 경제 발전으로 연결되는 것이다. 이러한 시대 변화의 흐름을 읽지 못하면 뒤처지고, 흐름을 알고 남보다 한 발 앞서 나가면 기회가 생긴다. IT 기반의 마이크로소프트·애플·구글·아마존·삼성전자 등이 생기고 발전하였으며, 디지털카메라의 흐름을 읽지 못한 코닥·아그파 등은 존재감이 없어졌다. 정보화로 세계는 글로벌화하고, 비즈니스는 세계 1등 기술과 기업이 아니면 글로벌 경쟁에서 살아남기 어렵다. 새로운 기술을 활용하여 새로운 세상을 열겠다는 모험심이 비즈니스와 연결되어 세상이 변화발전한다.

정책으로 변화를 가속화한다

최근 컴퓨터에 사람처럼 사고하는 기능을 부여하기 시작했다. 인공지능AI, Artificial Intelligence이다. 기계와 기계를 인터넷으로 연결하는 사물인터넷IoT, Internet of Things이 등장하고, 지금까지 축적된 수많은 데이터로부터 새로운 정보를 얻는 빅데이터big data가 새로운 비즈니스가 되었다. 자동차 생산에 사용되던 로봇은 이제 다양한 분야에 사용되고 여기에 인공지능까지 갖춘 로봇은 우리에게 새로운 기회를 제공하기 시작하였다. 컴퓨터 능력의 향상과 인공지능의 도입으로 무인자율주행자동차도 나타났다. 이러한 최근의 변화를 3차 산업혁명의 연장선상에서 볼 수 있겠으나, 새로운 것을 좋아하는 이들은 다양한 기술이 융합되는 특성을 강조하여 인공지능혁명이라 부르며 4차산업혁명이 시작되었다고 한다. 명칭은 중요하지 않다. 중요한 것은 그러한 변화가 시작되었고, 앞으로 수많은 기업을 탄생시키고 우리 사회가 많이 변화할 것이라는 사실이다.

전기자동차가 보급되기 시작하였다. 휘발유와 경유 자동차를 대체하는 무공해 자동차로 전기자동차가 떠오른 지는 오래다. 배터리 기술의 한계와 비싼 가격이 보급을 제한하였다. 지금은 배터리 기술이 발달하여 한 번 충전으로 약 500km를 갈 수 있지만 가격은 여전히 고가다. 정책적 지원은 단기적 해결 방법이다.

전기자동차 가격의 상당액을 정부가 지원한다. 그러다보니 전기자동차를 선도하는 테슬라는 최근 판매량을 엄청 늘렸다. 정부로서는 수요 창출이 환경 보전은 물론 장기적 경제 발전에 기여한다고 판단한 선제적 투자다. 태양광에너지, 풍력에너지도 정부의 보조 없이는 성장하기 어렵다.

전 세계가 인공지능혁명에 관심을 쏟고 있다. 미국은 인공지능 연구가 한창이고, 독일은 인더스트리 4.0(Industry 4.0)이란 타이틀로 제조업의 변화를 꾀하고 있다. 일본은 로봇의 개발에 많은 공을 들인다. 미국, 중국, 유럽, 일본 등은 4차산업혁명을 국가의 발전에 연결할 다양한 정책을 제시하고 하나씩 실천에 옮기고 있다. 우리나라도 뒤처지지 않으려고 노력하기 시작하였다.

이러한 흐름을 따라 2016년 스위스 다보스에서 개최된 세계경제포럼에서는 주요 이슈로 4차산업혁명이 가져올 사회를 예측하고 발생 가능한 문제를 다루었다. 인공지능혁명으로 부각될 대표적인 문제는 일자리가 많이 줄어들고, 가난한 나라와 개인은 더 가난해지는 등 빈부 격차가 더욱 벌어질 수 있다는 점이다. 정부의 역할은 인프라 조성이다. 인력을 양성하고 연구를 지원한다. 제품이 개발되면 실용화를 지원한다. 정부도 미래를 위해 투자하는 것이다.

정리하자면, 산업혁명의 동인은 반복되는 경험을 호기심을 갖고 생각하는 것, 사회 문제를 해결할 기술을 개발하는 인재의 양성, 새로운 기술은 새로운 비즈니스 기회므로 정책으로 이에 박차를 가하는 것 등이다.

1.2 바이오기술 발전 배경

바이오기술은 어떻게 발전하는가. 바이오기술 분야도 계속 변한다. 1973년 이전은 전통적인 바이오기술 시대였고, 유전자재조합기술이 소개된 1973년 이후는 현대 바이오기술의 시대다. 바이오기술은 1973년을 경계로 우리 사회를 혁명적으로 변화시키고 있다.

반복되는 경험을 생각

바이오기술의 역사를 생각해보자. 이집트 벽화의 술 담그는 모습, 그것이 바이오기술의 시작일 것이다. 술 담그는 기술은 누가 발명했을까? 누군가 의도적으로 술 만드는 방법을 연구하지는 않았을 것이다. 포도를 수확하여 한참 후에 보니 맛도 좋고 기분도 좋아지는 액체를 얻는 경험을 반복하면서 술 담그는 방식으로 발전했을 것이다. 그러다가 상처에 술이 닿으니 상처가 낫는 것을 경험하면서 술

(알코올)의 소독 효능도 터득하였을 것이다. 술을 오래 두면 식초가 되니, 덩달아 식초 만드는 방법도 알게 된다. 이후 포도 이외의 과일과 곡식으로 다양한 술을 만들었다. 반복되는 경험을 기술로 연결시킨 것이 고대의 기술이다. 동양의 간장, 김치, 서양의 치즈, 요거트 등이 그렇다.

서양에서는 우유의 단백질을 보관하고 활용하려고 치즈를 만들었고, 동양에서는 콩을 보관하고 활용하려고 된장, 간장을 만들었다. 서양에서는 우유로부터 요거트를, 우리나라에서는 배추, 무를 이용하여 김치를 담궜는데, 결과적으로 모두 유산균을 섭취한다. 서양에서는 동물성 재료를, 동양에서는 식물성 재료를 사용한 차이다.

고대		근대		현대		미래
술		페니실린		인슐린		
식초	1928 페니실린 발견	아세톤/부탄올	1973 유전자 재조합 기술	세포 치료	2013 유전자 가위	유전자 치료
간장		구연산		바이오 화학		
치즈		백신		인공종자 첨단온실		안전한 인공종자

그림 4.2 바이오기술의 시대 구분 : 20세기 초반의 페니실린 발견은 항생제산업을 일으켰으며, 1973년에 소개된 유전자재조합기술이 새로운 시대를 열었다. 2013년에 개발된 크리스퍼 유전자가위 기술은 바이오를 한 단계 더 발전시키고 있다.

1800년경에는 다양한 바이오 제품이 나왔다. 1900년대 초에는 미생물을 배양하여 아세톤과 부탄올과 같은 화학소재를 얻었다. 이스라엘 초대 대통령 바이스만Weizmann은 아세톤/부탄올 발효 기술을 연구한 과학자로 잘 알려져 있다. 초기에는 미생물을 이용하여 아세톤과 부탄올을 생산하였는데, 1900년대 중반에는 석유화학의 발달로 석유로부터 아세톤과 부탄올을 생산하여 사용했다. 이제 2000년이 되니 다시 미생물을 이용하는 방향으로 변화하고 있다.

1928년 영국의 플레밍Fleming이 페니실린을 발견한 이후 미생물을 이용하여 다양한 항생제를 생산했다. 새로운 산업의 탄생이다. 페니실린의 발견이 반복되는 실수를 곰곰히 생각한 결과임은 잘 알려져 있다. 이후 지금까지 다양한 항생제, 아미노산이 미생물을 이용하여 생산되고 있다. 1960년대에는 이러한 바이오기술로 석유에서 단세포단백질Single cell protein을 생산하여 식량 문제를 해결하려는 연구가 이루어졌고 동유럽에 생산 공장까지 건설했다. 그러나 석유로부터 생산되는 제품(실제는 주로 효모를 배양하는 것임)을 인간이 먹을 수 있을까 하는 의문이 제기되면서 부작용을 염려하여 생산은 중단되었다. 이 과정에서 가축용 사료는 무해하다는 생각도 하였지만 궁극적으로는 사람이 고기를 먹게 되므로 사료로의 사용도 금지되었다.

시대의 이슈를 연구하다

DNA 구조는 그 당시 과학계의 큰 이슈였다. 수많은 과학자들이 DNA 구조 해명에 매달렸다. 노벨물리학상 수상자가 3중 나선구조triple helix라고 발표한 사례는 유명하다. 그런데 젊은 과학자 두 사람이 2중 나선구조double helix라고 밝혔다. 물론 그 둘은 노벨상을 받았다. 그 다음엔 구조를 바꿀 유전공학기술이 나와 오늘날 바이오기술 발전의 기폭제가 되었다. 모두 시대의 이슈를 열심히 연구한 우수한 과학자가 기술을 소개하고 발전시켰다. 유전공학 기술의 파급력을 알아본 정부는 이를 발전시킬 정책 지원을 했다. 초기에는 인슐린, 인간성장호르몬과 같은 단백질 치료제를 개발하면서 많은 과학자와 기업이 단백질 치료제를 연구했다. 우리나라도 1980년대 들어서 대학에 유전공학 연구소 설립을 지원하고 관련 교수 채용을 지원하여 이 분야의 우수 인재 양성과 연구 인프라를 조성했다.

비즈니스가 중요

1970년대 설탕 가격이 폭등하자, 대용품으로 이성화당이 각광받았다. 이성화당HFCS, high fructose corn syrup은 녹말에서 얻은 포도당glucose을 효소를 이용하여 다시 과당fructose으로 전환한다. 이때 생기는 포도당과 과당의 혼합물이 설탕과 유사한 감미작용이 있다. 원당가격이 안정되자 이성화당은 제한적으로 사용되고 있지만 새로운 소재를 선보였다는 점에서 의미가 있다.

우리는 단백질치료제 개발에는 한발 늦었지만 특허가 만료됨에 따라 우리에게도 기회가 왔다. 우리나라는 제조업이 강하고 우수 인재가 많다. 이들이 바이오시밀러 생산 기술 개발과 생산에 참여하여 이제는 세계 최대의 생산 국가가 되었다.

20년 전 정부는 신약 개발이 미래 경제 발전에 중요하다고 판단하여 연구비를 아낌없이 지원하였다. 그것이 2020년에 K-바이오의 탄생으로 연결되었다.

정부는 석유를 대체하고 온실가스를 줄일 수 있는 바이오화학 기술 개발에도 많이 지원하였으나 석유 가격이 하락하면서 지원을 줄였다. 시장 확대를 위한 인센티브 도입 등도 논의하다가 중단되었다. 그 동안 대학은 기초 연구를 하고 기업은 장기 과제 연구를 하였다. 규모가 작아 아쉽지만 2020년 정부가 탄소중립을 선언하면서 다시 바이오화학 기술개발에 관심을 가지니 다행이다. 앞으로 10~20년이 지구 온난화 방지에 결정적인 시기이고, 그 후에는 지구환경과 에너지 관련 산업이 새로이 각광 받는 산업이 될 것이다. 준비는 다소 부족해도 아직 늦지 않았다.

코로나19 사태를 겪으면서 사회의 요구, 지구적 이슈인 백신과 치료제 개발이 시급하고, 경제에 미치는 영향이 크다고 판단하여 많은 나라가 연구개발과 임상을 지원하였다. 결과적으로 미국과 영국에서는 보통 최소 2~3년은 걸렸을 연구개발과 임상시험 기간을 단축시켜 10개월 만에 백신 사용을 승인하였다. 정책의 역할을 보여준 사례다. 특히 우리나라는 진작에 신약 개발이 미래 먹거리로 중요하다고 판단, 20년 이상을 연구개발 지원한 것이 2020년에 와서 K-의료라고 불리게 되었다. 역시 정책의 역할이 중요하다.

바이오 기술 발전의 배경에도 역시 산업혁명과 같이 반복되는 경험을 생각한 것(페니실린, 술), 시대의 문제를 해결하려는 자세와 경쟁(유전공학, 코로나 백신, 바이오화학), 시장 변화를 생각한 것(이성화당, 바이오시밀러), 그리고 정책적 지원(신약 개발 지원) 등이 기여를 하였다. 이러한 일들은 우수 인재가 가능하게 한다.

2. 혁신으로 만드는 바이오경제

앞에서 호기심, 연구, 인재, 기술 개발을 비즈니스로 연결하는 기업, 정책 지원이 중요함을 보았다. 바이오경제를 성공으로 이끌기 위한 중요한 요인은 무엇일까? 바이오경제 발전에 영향을 미치는 요인은 동시에 우리 사회를 변화시키는 원동력이다.

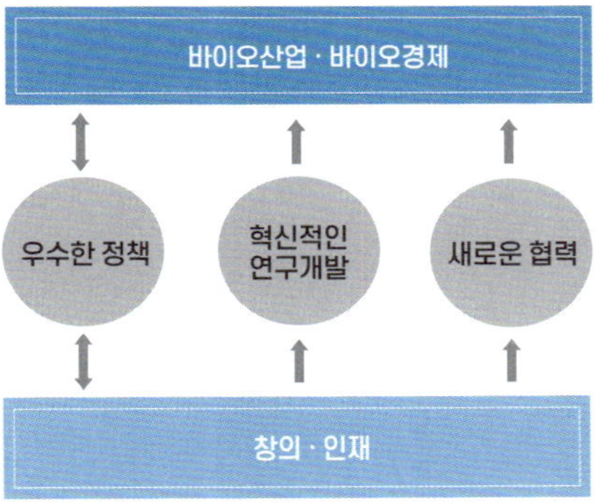

그림 4.3 바이오경제의 성공을 위한 요소

미국의 바이오산업협회BIO, Biotechnology Industry Organization 보고서에 의하면, 바이오산업을 발전시키는 중요한 요인으로 다음의 7개 요소를 꼽고 있다.

1. 숙달된 인적 자원의 개발
2. R & D를 잘 하기 위한 인프라 투자
3. 지적재산권의 보호
4. 기술이전을 위한 체계와 산학연의 협력

5. 효율적이며 예측 가능한 규제 환경
6. 시장 진출과 확대를 위한 인센티브 제공
7. 비즈니스를 위한 법적 보호 장치

1항은 인재양성, 2항과 3항은 연구개발, 4항은 협력, 그리고 5~7항은 정책 관련 이슈이므로 4가지 카테고리로 재편하여 미래 사회 변화의 요인과 대응책에 대하여 살펴보자. 바이오는 분야별로 특성이 다르므로 각기 다른 접근 방법이 필요하지만, 먼저 공통분모를 살펴보고 의료, 제약, 바이오화학 산업, 농업 분야별 전략을 생각한다.

2.1 쓸모있는 기술 연구

바이오경제 시대의 원동력은 우수한 연구 결과와 이에 바탕을 둔 쓸모있는 기술의 개발이다. 혁신적 기술이 창의적 사업의 시작이며 새로운 기회다. IT분야의 세계적 기업들, 예를 들면 마이크로소프트, 애플, 구글, 아마존, 그리고 최근 전기자동차 시장의 테슬라 등은 그들만의 독창적인 기술을 갖고 있다. 이런 관점에서 바이오 분야의 기초 연구와 독창적인 기술개발, 그리고 이를 실용화하기 위한 노력이 잘 되고 있는지 생각해 보자. 우리나라는 GDP대비 연구비 사용은 세계 최고 수준이며 정부가 지원하는 연구개발 사업의 성공 비율도 세계 최고인데, 과연 이러한 수치가 현실적으로 의미 있을까?

연구를 왜 하는가

연구의 시작은 호기심과 응용이다. 호기심에서 출발하여 자연현상의 이치를 밝히는 연구를 하다가 가끔은 세상을 변화시키는 기술이 된다. 그러나 세상에는 쓸모 없는 연구도 많다. 응용성을 강조하는 연구라면 어떤 기술이 필요한지, 어느 수준의 결과가 요구되는지 목표와 방향을 확실히 하고 연구를 시작하여야 한다.

연구를 잘 한다고 알려진 외국 사례를 보자. 영국의 생명공학연구위원회BBSRC, Biotechnology and Biological Sciences Research Council에서 발표한 연구 성과 몇 가지를 소개한다. 대학과 기업의 연구, 쓸모있는 연구의 성과를 보여준다. 하나하나가 우리 사회에 필요한 이슈다. 연구하면 상상이 현실로 다가오고 기업이 성장하고 발전한다. 이것이 연구의 힘이다.

표 4.1 영국 주요 대학의 연구 성과

레딩대U of Reading에서는 우유의 포화지방산 함량 낮추는 기술 개발
옥스퍼드대U of Oxford 연구팀에서는 저가의 제초제를 개발하였는데, 이는 케냐 농부들에게 적용하면 수확량 50% 상승 기대
앤드류대U of St Andrew 과학자들은 유전자 마커를 이용하여 살코기 수율이 높은 연어 양식에 성공. 수산업 종사자들에게 이익 기대
옥스퍼드대U of Oxford에서는 불임 모기를 개발하였는데 뎅기열, 말라리아를 일으키는 모기 등 곤충의 개체수를 조절할 수 있는 기술
버밍햄대U of Birmingham에서는 물속의 방사성 물질 제거에 박테리아를 이용하는 신기술 개발
글라스고대U of Glasgow에서는 흡입할 수 있는 분말 백신 기술 개발, 백신을 냉동 상태로 운반할 필요 없고, 주사를 놓아야하는 불편도 없앤 것
맨체스터대U of Manchester에서는 석유화학적인 방법이 아니라, 바이오기술을 이용하는 알파-올레핀 화학소재 생산 기술 개발

디지털 카메라가 등장하였을 때, 초창기다보니 사진 해상도가 낮았다. 역시 사진은 필름을 이용하여야 한다는 목소리가 높았다. 그 이후 기술이 발전하면서 이제는 프로 사진작가도 디지털 카메라를 이용한다. 기술은 진보하고, 그러면 세상을 바꾸는 힘이 생긴다. 바이오 분야도 마찬가지다. 바이오화학 소재도 바이오화학 기술이 선보였을 때는 기술 수준도 낮고 원유 가격도 낮아 바이오화학은 먼 나라 이야기 같았다. 그 이후 기술이 발전하면서 바이오화학은 대세로 자리 잡았고 이제는 범용 화학소재 생산 기술에까지 확장되고 있다. 기후 변화 때문에 바이오화학은 선택이 아닌 필수가 되었다. 연구 개발로 기술은 계속 변화되고 발전한다.

자유로운 연구, 기초 연구가 시작이다

연구 개발은 어떻게 하면 좋을까? 여기에 적용되는 철학과 방법은 무엇인가?

자유로운 연구에서 돌파구가 되는 과학적 발견이 나오거나 기술이 개발된다. 바다의 해파리가 빛을 내는 것을 오래 연구한 결과 녹색형광단백질GFP, green fluorescent protein이 관여한다는 것을 밝혀내었는데, 이 단백질은 그 이후 바이오분야 연구에 중요한 도구가 되어 바이오 분야 연구와 개발을 한 차원 올리는 데 크게 기여하였다. 업적을 인정받아 노벨상도 받았다. 해파리 연구 결과가 이렇게 응용될 줄은 몰랐을 것이다.

크리스퍼CRISPER-Cas9 유전자가위도 마찬가지다. 다른 연구를 하다가 우연히 얻어진 성과인데 지금은 유전자를 정교하게 조작할 수 있는 최고의 방법이다. 페니실린 발견도 그렇고 수많은 경우가 자유로운 연구 분위기에서, 연구 도중에 우연히 찾아낸 결과다.

의료분야 연구도 같다. 과거에는 의료바이오 기술 연구로 새로운 치료기술이 개발되고, 이것은 사회적 비용을 줄이고 기대 수명을 늘린다고만 알았다. 이제 새로운 치료 기술은 의료 산업의 발전을 가져와 먹거리와 일자리 창출로 연결되고, 국가 경제 발전에도 기여한다. 기업의 연구는 대부분 실용화를 전제로 한다. 기업의 연구자에게는 기술 개발로 기업과 사회의 발전에 기여한다는 자부심이 있다. 신기술 개발에는 새로운 아이디어가 필요하고 이것은 자유로운 사고를 하는 연구자에게서 나온다. 스트레스를 많이 준다고 새로운 아이디어가 나오지 않는다. 브레인스토밍Brainstorming 회의를 하면서 아이디어를 얻기도 한다. 일단 아이디어가 나오면 해보면 된다.

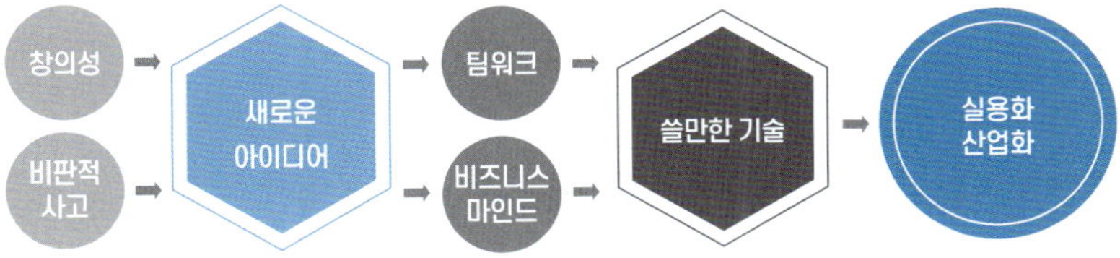

그림 4.4 연구에서 실용화까지

실용화할 수 있는 기술로 만들어야

전 세계적으로 대학에서의 아이디어를 실용화로 연결시키는 인프라를 가진 곳은 선진국이다. 수많은 교수와 연구자의 연구를 쓸모있게 하려면 시스템을 갖추어야 한다. 그러한 시스템 중 하나면서 성공적인 모델을 이스라엘에서 찾아볼 수 있다. 이스라엘은 창업과 기술이전 성과에서 단연 세계 톱 수준이다. 이스라엘의 바이스만 연구소 산하에 예다Yeda라는 회사가 있다. 실용화 지원부서 같은 조직이 아니라 회사다. 회사 직원은 연구소 연구원의 연구 결과를 보고 상업성이 있으면 연구비를 더 주어 기술을 쓸모있는 수준으로 올린다. 물론 특허도 챙긴다. 이 과정에서 필요하면 벤처를 설립한다. 그리고 전 세계 네트워크를 이용하여 마케팅한다. 전 세계 관련 기업이 한 번에 그 기술을 사지는 않을 것이다. 몇 차례의 의견과 평가를 참고로 기술을 한 단계 높이 발전시키고 문제점을 보완한다. 이러한 과정을 거쳐 쓸만한 기술이 된 결과물은 수요자인 대기업에 이전된다. 이러니 이스라엘이 기술이전과 창업을 세계에서 제일 잘 한다.

우리나라에서는 벤처를 설립하고 운영하다가 실패하면 재기하기 어렵다. 벤처는 그 뜻이 모험이고 그래서인지 일반적으로 벤처의 성공 확률은 10%도 안 된다. 그래도 젊은이들에게 벤처를 장려한다. 대학에서도 창업과 관련된 교육이 이루어진다. 효과적으로 성공 확률을 높일 방법이 있는가? 벤처가 잘 된다는 미국과 문화를 비교해 본다.

표 4.3 우리와 미국의 벤처 문화 비교

우리나라	미국
창업자가 대주주를 유지하고자 한다.	VC (venture capital)가 대주주다.
창업자가 무한 책임을 진다.	벤처가 망해도 창업자는 큰 타격 없다.
연구원, 교수를 기업가로 변신 요구	CEO는 전문경영인을 영입 과학자, 교수는 CTO 역할 담당
대학이 모든 것을 주관한다.	대학은 혁신적인 아이디어를 제공
창업자는 상장IPO을 기대한다.	M&A로 변화 발전을 희망한다.

우리나라의 벤처 문화를 어떻게 바꾸어야 할지 분명해진다. 단순히 창업만 장려할 것이 아니라 동시에 올바른 방향을 제시해 주어야 한다. 그래야 90%의 실패한 벤처도 재기할 수 있고 전체적으로 벤처 생태계가 건강해지고 사업의 성공 확률은 높아진다.

10~20년 전에 수많은 벤처 기업이 설립되었다. 10여 년 연구하다 보니 나름대로 독창적인 플랫폼 기술을 갖게 되고 세계적인 기술로 발전시킨 사례도 많다. 모두 성공하는 것은 아니지만 몇 년은 기다려야 한다는 것을 보여준다.

2.2 새로운 개념의 협력

바이오경제 시대의 교육은 융합 마인드가 기본인 것처럼, 바이오 경제를 구현하려면 협력이 기본이다. 어떤 협력이 필요할까? 협력을 위한 마인드는 어떻게 달라져야 할까? 바이오 분야에 있어서 중요한 협력 방안을 생각해보자. 나와 다른 분야의 전공자와 협력하여야 한다. 소통하고 협력하여야 하는데 여기에는 정책입안자와의 소통도 중요하다. 바이오 기업은 농업 기업, 화학 기업 또는 전자 회사와 소통하고 협력하여야 한다. 다른 나라의 기업과도 소통하여야 한다. 또 원료-생산-마케팅으로 연결되는 비즈니스 사슬간의 협력도 중요하다. 이러한 소통과 협력은 종전의 동종 전공자와 기업 사이에 일어나는 소통보다 훨씬 더 강하고 혁신적이어야 한다.

협력의 시작

협력의 형태에는 여러 가지가 있다. 다른 전공 분야와의 협력, 비즈니스 사슬과의 협력(교육-연구-기업-정책 등, 원료-생산-판매 등) 등이다. 서로 다른 전공자끼리의 협력이 중요하다. 예를 들면, 의료 바이오 중에는 인공지능–IT–바이오 전공과 협력이 필요한 분야가 많다. 오래 전부터 융합, 통섭 등의 단어를 사용하면서 협력을 강조해 왔다. 전공이 서로 다른 이들이 협력하려면 T자형 인간이 바람직하다. 자기의 전공을 깊이 이해하면서 다른 전공자와 토의할 수 있는 수준의 지식이 요구된다는 의미다. 그러려면 나와 다른 제3자, 상대방을 받아들이는 마음의 자세는 물론 상대방을 이해하고 상대방과 기술적인 문제를 나눌 수 있는 기본 소양이 요구된다.

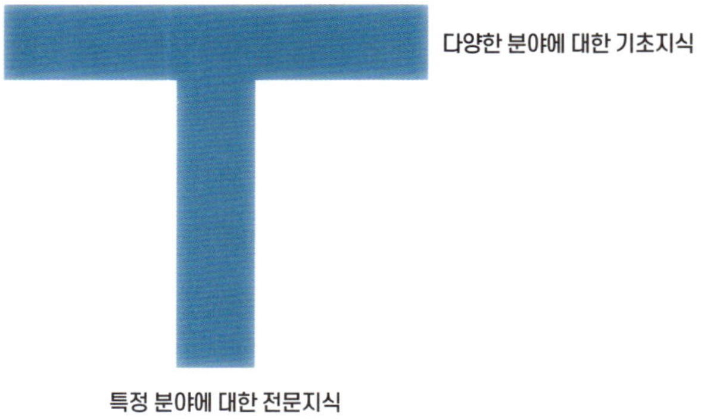

그림 4.5 T자형 인간이 되어야

협력은 나와 다른 이들과의 상생이다. 다른 이가 나보다 우수할 수 있고, 윤리적으로 선하지 않을 수 있다. 나와 다른 문화적 배경을 가진 제3자와 함께 사는 것이다. 그래서 나 혼자 승리하는 것이 아니라 같이 윈-윈하는 것이 협력의 시작이다. 협력은 한 번만 하는 것이 아니라 평생 하는 것이다.

가치사슬 당사자끼리의 협력이 중요하다

먼저 의료바이오Red BT를 생각하자. 기초 연구를 하는 곳은 어디인가? 오리지널한 아이디어가 나오는 곳은 어디인가? 주로 대학, 연구소 그리고 벤처일 것이다. 그런데 대학이나 연구소는 기관의 특성상 실용화로 연결시키기 어렵다. 대학 교수는 반짝이는 아이디어를 내놓는 것에 기쁨을 느낀다. 그것의 상업적 가치를 아는 교수는 많지 않다. 상업적 가치를 아는 것은 역시 기업이다. 글로벌 대기업이 아이디어 단계의 교수 성과를 하나하나 분석하기에는 대기업의 덩치가 너무 크다. 그래서 기업마인드가 있는 소형 기업이 교수나 연구소에서 새로 나오는 아이디어나 성과를 보고 실용적 가치를 찾아내 인도하고 지원해야 한다. 그래서 벤처회사를 만들게 하고 투자해야 한다. 기업은 희망이 보이면 교수와 연구자에게 투자하고 자문하여 쓸모 있는 기술로 만들어야 한다. 이것이 대학과 작은 기업간에 일어나는 1단계 협력이다.

2단계 협력은 작은 기업과 글로벌 기업간에 일어난다. 글로벌 기업도 리소스를 아껴야 한다. 개방형 혁신[24]이라고도 한다. 그래서 연구도 생산도 협력이 필요하다. 요즘 용어로는 CRO(contract research organization, 위탁연구 업체), CMO(contract manufacturing organization, 위탁생산 업체)라고 한다. 대학이 작은 기업을 매개로 글로벌 기업과 협

24 개방형 혁신open innovation : 기업이 필요한 기술과 아이디어를 외부에서 조달하고, 내부 자원을 외부와 공유하면서 새로운 제품이나 서비스를 만들어 내는 것

력한다. 의료분야에서는 대학, 병원 그리고 기업 간의 협력이 중요할 것이다. 얼마 전 우리나라 기업이 미국 보스턴에 거점센터를 마련했다. 보스턴은 세계적인 바이오 클러스터[25]로 잘 알려진 곳이다. 정보수집, 우수 인재 발굴, 기업과의 협력 등이 이루어질 수 있는 곳이므로 글로벌 기업을 지향하는 기업으로서는 필요한 방법이다.

바이오화학White BT 분야도 같은 협력이 필요하다. 농업기업과 바이오기업 그리고 화학기업간의 협력이 필요하다. 한 기업이 바이오매스를 키우는 것부터 바이오기술 그리고 화학기술까지 다 갖고 수직계열화 하기에는 역시 리소스가 부족하다, 한 분야라도 잘 하는 것이 중요하다. 농업은 주로 개발도상국에서 일어난다. 바이오기업과 화학기업은 선진국에 많다. 어떻게 협력하느냐에 따라 앞으로 지구촌 양극화를 줄이는 데 기여할 것이다. 선진국의 몇몇 카르텔이 전 세계 커피 시장을 장악하고, 커피를 재배하는 농민은 가난하게 사는 오늘의 현실과는 달라야 한다.

네트워크를 강화해야 - 바이오 클러스터

또 다른 측면으로 로컬 네트워크, 지역 클러스터를 강화한다. 대학과 연구소의 기능은 아이디어를 내놓는 것이다. 실용화까지 주문하는 것은 무리다. 간혹 예외적인 몇몇 교수, 연구자가 창업에 성공한 것을 모델로 모든 교수와 연구자에게 기대할 수는 없다. 그들이 창출하는 아이디어를 현실화하는 일은 다른 이들의 몫이다. 아이디어를 쓸모있게 하려면 기업의 장·단기 니즈needs를 파악하고, 벤처기

25 클러스터 cluster : 연관이 있는 산업의 기업과 대학, 연구소, 금융회사 등의 기관들이 한 곳에 모여 있는 것을 말한다. 시너지 효과를 기대할 수 있다.

업을 육성하거나 특허 등 지적재산권, 재정적 뒷받침 등이 필요하다. 대학과 연구소가 이러한 일을 담당하는 기관과 자연스럽게 네트워킹을 만드는 것이 중요하다. 이러한 것을 클러스터라고 하며 미국, 영국 등이 사회 인프라처럼 이러한 클러스터가 잘 조성되어 있다. 미국의 보스턴, 샌프란시스코, 샌디에고는 대표적인 바이오 클러스터다. 명문대학, 연구기관, 대형회사, 벤처, 바이오기업, 병원, 금융회사 등이 자연스럽게 네트워킹되어 있고 합리적인 비즈니스 마인드를 갖고 있어 형식적이 아닌 실질적인 협력이 이루어지고 있다. 우리나라는 서울, 송도, 오송, 대덕 등에 바이오 클러스터가 형성되어 있지만, 아직 규모나 효율성 면에서 바이오 클러스터의 기능이 부족해 보인다.

우리나라는 지역마다 창업지원센터, 중소기업 지원센터 등의 명칭을 갖는 소위 클러스터가 많다. 지역별 특성을 살려 한군데 집중하면 좋으련만 지역의 작은 기업을 지원해야 한다는 명분으로 백화점식으로 운영한다. 외국 사람은 조그만 나라에 웬 클러스터가 이렇게 많냐고 한다. 한 군데서 전국을 다 지원하든가, 아니면 서너 개 정도면 충분하고 특화가 되어야 한다. 중앙 정부에서는 5년 정도 기간이 지나면 자립하라고 한다. 왜 그래야 하는가 물어보니, 초기에 사업을 기획할 때 예산 담당 부서가 그렇게 요구했고 그대로 받아들였기 때문이라고 한다. 일본의 경우 클러스터나 산업지원센터는 공공성을 가지므로 자립은 생각하지 않는다.

최종적으로는 글로벌 네트워크를 이용하여 최종 수요자에게 기술이전을 하고 실용화한다. 느슨한 네트워크로는 연구자 모임인 학회와 산학 연계를 강조하는 컨퍼런스가 있다. 개방형 혁신에는 절대적으로 중요하지만, 대학과 연구소의 연구 결과를 벤처기업을 통하여 쓸모 있게 만들었다고 해도, 최종 수요자 기업을 찾아 그들에게 기술이전과 실용화하는 것은 다른 일이다. 비즈니스 마인드가 필요하다.

외국과의 협력에는 특히 글로벌 네트워크가 중요하다. 글로벌 네트워크를 잘 활용하여 중국과 협력하여야 한다. 사드 문제 등을 대하는 중국을 보면 중국과의 협력에 한계를 느끼지만, 그래도 장기적으로는 중국과 협력하여야 한다. 몇 가지 철학과 전략이 필요하다. 중국과 중국인의 문화를 이해하는 것이 시작이다. 중국에 원자재나 부품을 수출하고 현지에서 기술 우위의 완제품을 생산, 판매하는 등, 협력 여건을 유지하여야 한다. 또 중국 현지 기업의 경쟁을 이기려면 기술면에서 우위에 있어야 한다. 투명한 경영도 강조되어야 할 것이다. 글로벌 네트워크는 기술은 물론 문화, 경영 등 다양한 요소를 포함하는 협력을 전제해야 한다.

우리는 오랜 기간 경험을 통해 협력이 중요함을 알고 있다. 협력은 당사자 하나가 윈win하는 것이 아니라 모두 윈-윈win-win하는 것이고 그럴 때 협력이 오래간다.

우리나라의 협력 모델

우리나라는 우수한 인적 자원은 어느 정도 있으나, 산업화 경험이 적고, 신약의 경우 연구개발에 소요되는 비용을 감당하기에는 회사 규모가 작다. 이러한 한계를 극복하려면 산업화를 위한 기술이전과 실용화를 목적으로 하는 전문회사를 육성하여야 한다. 최근 창업투자회사가 전문 인력과 조직을 갖추어 그 역할을 일부 담당하기 시작하였다. 대학과 연구소의 수많은 고급 인력의 아이디어를 사장시키지 말고 쓸모있는 기술로 개량하여야 하는데, 이것은 대학과 연구소의 목적과 능력을 벗어난다. 그러므로 기술이전 전문 기업을 육성하여 기초 연구 결과를 실용화시켜야 한다. 또 기술이전에 있어서 기업이 전문적으로 올인한다면 성과가 좋을 것이다. 인적자원이 어느 정도 있다는 말은 고급 인력인 대학생 수가 우리는 약 100만 명 규모인데 중국은 2000만 명, 미국은 1000만 명 규모라서다.

우리나라의 제약산업은 특히 그 규모가 매우 작다. 세계 50위권에 드는 기업이 없다. 연 매출 2조 원은 되어야 하는데 아직 1조 원 수준이다. 우선은 협력의 1단계에 노력을 기울여야 한다. 대학과 연구소의 수많은 박사 두뇌를 잘 활용하여 실용화를 염두에 두고 연구개발을 해야 한다. 2단계에서는 CRO, CMO, 라이센싱 전략으로 글로벌 기업과 협력해야 한다. 어느 기업이 하루 아침에 제약분야의 삼성전자가 될 수는 없다. 실력과 역량을 쌓아야 한다. 시행착오와 경험을 하면서 제 역할을 하기까지 시간이 걸릴 것이다.

의료산업도 마찬가지다. 차이라면 바이오의료 시장에는 아직 글로벌 강자가 많지 않다는 점이다. 병원은 아직 글로벌화가 안 되었지만 곧 글로벌화될 분야다. 물론 넘어야 할 장벽은 많고 시간이 걸린다. 바이오의료 기기 분야에서는 GE, 필립스, 지멘스 등이 시장을 지배하고, 최근 삼성전자, LG전자 등 IT기업이 인공지능 등 IT기술을 앞세워 시장에 진입하고 있다. 원격 의료 시대를 생각하면 IT 기업, 의료기기 기업, 바이오장비 기업들 간 협력이 매우 중요하다.

바이오화학에서도 우리의 입지는 크지 않다. 오랫동안 우리나라의 화학산업은 외국 선진 기술을 따라가는 데 바빴지, 우리가 개발한 독자기술로 세계를 리드한 것이 별로 없다. 바이오화학 분야도 새로운 분야이나, 우리의 경험이 빈약하여 퍼스트 무버[26]로 나가기에는 역부족이다. 역시 1단계, 2단계 협력이 중요하다. 그러면서 우리나라 기업의 글로벌 역량을 키워야 한다. 국내 시장만 바라보지 말고 전 세계를 상대로 마케팅해야 한다. 우리 독자 기술로 공장을 건설하고 그 분야를 리드해야 한다. 특히 바이오매스 자원 확보를 위한 협력은 중요한 이슈다.

이제는 글로벌시대다. 비즈니스도, 협력도 글로벌하게 이루어진다. 유엔, 월드뱅크, 기후변화협약, 아세안 기구 등은 글로벌하게 협력하기 위한 수단이고, 그만큼 글로벌 이슈는 서로 협력하여야 해결될 수 있다는 의미다. 그러면 이러한 기구 등을 통한 글로벌 협력은 글로벌 문제 해결에 도움이 되었는가. 어느 정도 기여하는 것은 사실이겠으나 충분한지에 대하여는 여전히 의문이다. 글로벌 이슈 해결을 위한 협력의 중요성을 우선적으로 생각하여야 해결 방안이 나올 것이다.

바이오산업 발전을 위한 세계적인 협력 네트워크도 필요하다. 다른 나라의 네트워크에 편승해서는 협력에 한계가 있다. 우리만의, 우리가 리드하는 바이오경제 네트워크를 갖고 운영하는 것이 글로벌 전략에서 중요하다. 중국, 인도, 일본 등을 포함하는 아시아지역에서의 네트워크, 바이오매스를 가진 국가들과의 네트워크 면에서 우리는 경쟁력을 가질 수 있으니 잘 활용하여야 한다.

26 퍼스트 무버first mover : 새로운 분야를 개척하는 선도자

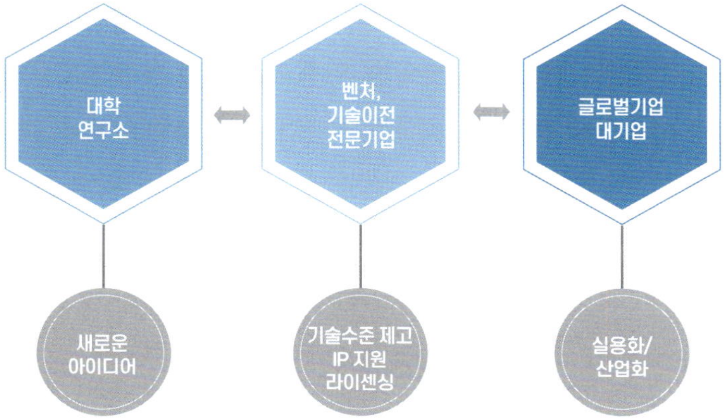

그림 4.6 협력 모델 : 학교/연구소-기술이전 전문회사-대기업. 기술이전 전문회사 역할을 하는 벤처회사, 지주회사, 벤처 캐피탈은 대학, 연구소 등 아카데미아의 반짝이는 아이디어, 돌파구를 만드는 breakthrough 아이디어, 새로운 기반platform 기술 아이디어를 찾아내어 실용화로 인도하고 대기업과 연결시켜야 한다.

그림 4.7 일반적인 바이오화학 사업의 가치사슬value chain. 바이오매스 자원은 주로 동남아, 아프리카 등 개도국에 있다. 우리나라의 바이오화학 소재 시장 규모는 크지 않아 외국과의 협력이 중요하다. 국가간 협력, 바이오기업과 화학기업 등 다른 분야와의 협력은 필수다.

2.3 인재가 시작이다

바이오경제 시대에는 어떤 인재가 필요한가? 지금 우리가 양성하는 인재와는 무엇이 다른가? 한 명의 우수한 인재는 우리의 먹거리를 제공한다. 대다수의 쓸만한 인재도 중요하다. 우리의 산업을 유지하고 발전시키는 원동력이다. 인재가 부족하면 경쟁에서 진다. 그래서 우수한 인재를 발굴하려고 대기업 CEO들은 세계를 누빈다. 나라마다 우수한 인재를 양성하려고 교육에 힘을 기울인다. 우수한 인재를 얼마나 많이 확보하는가가 기업과 국가의 경쟁력이다. 우리나라는 인재수 면에서 미국, 중국에 비하여 열세다. 경제 규모도 그렇다. 우리가 할 수 있는 것은 최우수 인재를 키우고 분야를 선점하는 것이다.

바이오의 특성은 융합이다. 과학과 공학기술, 응용분야의 지식 등이 융합되어 하나의 기술이 완성되고 관련 바이오산업이 생겨난다. 한 개인이 모든 것을 다 잘할 수는 없다. 융합마인드를 갖고 타 분야의 전문가와 협력하여야 한다. 창의성은 기본이고, 창의적인 생각을 이끌어내는 비판적 사고와 인간 존중이 밑바탕에 있어야 한다. 이런 생각들은 우리 사회의 변화를 이끌어 낸다. 바이오경제 사회에서는 인재상이 변화되고 그에 따라 교육도 바뀔 것이다.

교육은 대략 다음의 4단계로 이루어진다. 대학, 기업, 공무원도 다 같다. 제일 밑바탕은 가치관 교육이다. 인간 존중, 국가와 국민을 사랑하는 것, 소비자의 가치를 생각하는 것이다. 다음은 비판적 사고와 창의성을 길러주는

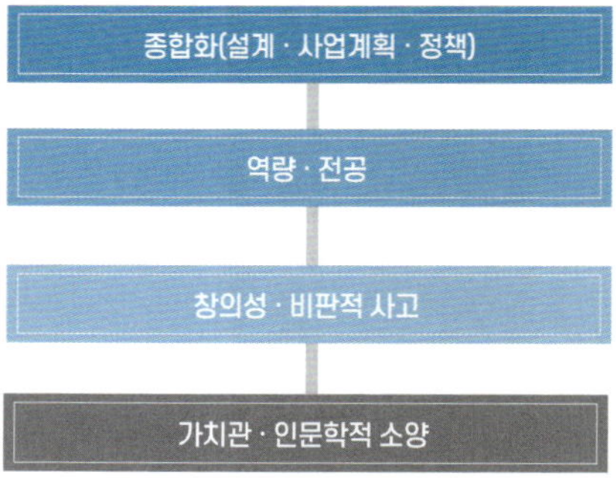

그림 4.8 교육의 체계도

교육이다. 그 윗단계는 역량이나 전공 실력을 길러주고, 최종 단계는 종합화 교육이다. 공대에서는 설계 교육이고, 기업은 신규 사업 기획, 공무원은 정책 기획이다. 순서대로 교육할 필요는 없다. 다양한 요소를 동시에 교육할 수 있다.

비판적 사고와 창의성 교육이 모든 것의 시작이다. 창의성을 계발하려고 다양한 방법을 사용한다. 이와 관련하여 중등학교 과학 교육의 경우 STEM(Science·Technology·Engineering·Mathematics)이나 STEAM(Science·Technology·Engineering·Mathematics·Arts) 교육이 강조되고 있다. 과학에 대한 흥미 유도·동기 부여·실생활과의 관련성·융합적인 사고 등을 강조하는 이상적인 과학 교육의 방식으로, 일부 교과 과정으로 시행하는 경우도 있지만 우리나라는 방과 후 교육으로 한다. 과학 교육이라는 큰 틀에서 다양하게 교육하는 것이 좋을 것이다. 청소년과 대학생을 포함하여 우수한 인재를 양성하기 위한, 바이오산업혁명시대에 필요한 새로운 교육 방식은 무엇일까?

교육방법을 혁신해야

우리는 필요한 역량을 갖춘 창의인재를 강조한다. 융합형 인재도 중요하다. 글로벌 감각을 가져야 한다. 교육방법은 토론식, 탐구형 그리고 문제해결식 접근법이 좋다고 한다. 최근에는 거꾸로 수업flipped learning[27]을 강조한다. 다 맞는 말이다. 그러면 이러한 생각과 방향을 바이오 분야에 어떻게 구체적으로 적용할 수 있을까?

융합이 강조되는 오늘날, 하나의 전공만으로 변화하는 세상에 적

27 거꾸로 수업flipped learning : 역진행 수업이라고도 한다. 온라인으로 선행학습을 한 뒤에, 오프라인으로 교수/교사와 토론식으로 진행하는 수업 방식

응할 수 있을까? 전공 실력을 기르는 것이 기본이겠으나, 타 전공에 대한 이해가 어느 때보다 중요하다. 일반 학생도 BT, IT를 포함하는 공학기술과 경영에 대한 이해가 필요하다. 그러나 서로 다른 전공을 동시에 공부하기는 어렵다. 로봇이 중요하다던 때, 로봇은 기계공학과 전기공학의 융합으로 만들어지니 전기공학과 기계공학을 합한 기계전기공학Mechatronics을 교육해야 한다는 주장도 있었다. 그러나 기계공학전문가와 전기공학전문가의 협업이 답이라면서 위의 주장은 힘을 잃었다.

새로운 시대는 새로운 방식을 요구한다. 칠판을 이용한 교육방식은 골동품과 같다. 다양한 교육 방식이 더해지고 있다. PPT를 이용하고 동영상을 보여주며, 원격교육도 시행되고, 거꾸로 수업 방식도 도입된다. 기존보다는 효과적이지만, 하나 더 생각하여야 한다. 대부분 다수의 학생이 대상이다. 교육의 효율성을 높이려면 이제 개인 맞춤형이어야 한다. 시도는 이미 시작되었다. 개인의 눈높이에 맞춘, 지식 전달이 아닌 쌍방향 소통을 통한 창의성 교육이어야 한다.

인공지능을 결합하는 교육도 가능하다. 개인 맞춤형으로 공부를 도와주어야 하는데 가상현실virtual reality 기술을 도입하는 방법이 있다. 우리나라는 특히 교육에 문제가 많다. 고등학교에서는 수능 위주로 공부를 시키는 것이 문제라며 학생부 종합전형을 시작했지만, 여전히 수능 비중은 크다. 그러다 보니 수능에 나오지 않는 과목은 공부하지 않는다. 수능 점수만 생각하다보니 과학과목의 실험 교육을 하지 않는다. 실험을 입시과목에 포함시켜야 실험 교육이 제대로 이루어질지 모르겠다. 인공지능, 정보화 기술이 발전하고 있으니, 실험 교육에 가상현실을 도입하는 대안도 있다. 인공지능이나 가상

현실을 여러 교과목에 다양하게 도입하자는 목소리가 나오기 시작하였다. 구체적 방법은 우리가 해결해야 할 과제다.

가난한 국가를 찾아가 가난한 이웃을 도와주는 사람도 많다. 아시아나 아프리카 오지를 찾아 가난한 이들에게 도움을 주거나 그들과 같이 생활하기도 한다. 그들에게 제일 필요한 것은 깨끗한 물과 에너지다. 지속적인 삶을 위한 일자리다. 문제 해결에는 첨단기술을 포함하여 여러 수준의 기술이 사용된다. 우리는 이것을 적정기술 appropriate technology이라고 한다. 가난한 이들의 문제를 어떻게 해결할 수 있을까 고민하는 것은 살아있는 교육이다. 글로벌 문제다. 가난이라는 이슈를 생각한다. 문제를 해결하기 위한 아이디어를 내니 창의성 교육이다. 지속가능한지 따져야 한다. 전공과 배경이 다른 여러 명이 팀으로 생각하니 좋은 팀워크 교육이다. 오지의 경우 의료도 농업도 문제다. 한마디로 바이오기술이 중요하다. 이러한 적정기술을 모델로 하는 교육은 살아있는 교육이다. 교육의 새로운 패러다임이다. MIT, 스탠포드대학 등에서는 소수의 대학생을 대상으로 교육하지만, 우리는 고등학생, 대학생 등 많은 학생들에게 확산되는 것이 좋겠다.

대학교육을 바꾸어야

대학은 더 이상 상아탑이 아니다. 세상과 소통하고 세상의 문제를 해결하여야 한다. 나아가서는 세상을 발전적으로 이끌 수 있는 장이 되어야 한다. 세상의 문제를 비판적으로 보면서 해결 방법을 찾고 그것을 비즈니스로 연결시키는 방법이 있다. 창업 연계 교육이다. 오랫동안 대학의 역할은 가르치는 것이었다. 지식의 전수가 중요했다. 그러다가 20세기에 들어오면서 지식의 창출로 그 역할이 확대되었다. 21세기에는 지식을 활용하는 것으로까지 확대되었다. 하루가 다르게 변화 발전하는 기술을 창업과 벤처와 산학협력으로 사회에 환원하고 사회 발전에 기여해야 한다.

우리나라는 의대는 의사를, 약대는 약사를 배출한다. 언제까지 그렇게만 할 것인가? 인공지능의 발달로 미래에 줄어들 직업의 하나가 약사다. 글로벌하게 성장하는, 신약개발을 하는 제약산업을 생각하면 약대 교육에는 변화가 필요하다. 제약 관련 공학기술과 산업, 경영에 대한 이해가 추가되어, 기존의 약사 업무 외에, 신약 개발과 실용화에 참여하여 제약 산업의 리더가 되어야 한다. 그러려면 기초 교과목 외에 임상과정, 의약품 생산 기술, 제약회사 경영 등도 포함되어야 한다. 의과대학도 마찬가지다. 의사뿐 아니라 의료산업 인력을 공급하여야 한다. 그러려면 의료 산업을 이끄는 데 필요한 제반 사항이 교육에 반영되어야 한다. 이러한 교육은 단과대학 수준에서도 가능하며, 공과대학과 경영대학의 협력으로도 가능할 것이다. 교육이 모든 것의 시작이라면, 변화하는 시대에 맞는 우수한 인력을 배출하는 교육 시스템의 변화가 바이오경제의 시작이다. 최근 대학에 헬스케어 융합학과, 의료기기 산업학과 등이 신설되어 바이오헬스 시장에 특화된 인력을 양성하겠다는 흐름은 바람직하다.

코로나19 사태를 겪으면서 대학에도 변화의 바람이 분다. 비대면 사회의 교육은 비대면과 대면 교육의 조화다. 어느 정도는 온라인으로, 어느 정도는 대면이든 스크린으로든 얼굴을 보면서 소통하고 교육하여야 한다. 이외에도 인공지능을 활용한 개인 맞춤형 교육, 새로운 시대에 필요한 역량 교육, 글로벌 교육 그리고 이들을 하나로 묶을 수 있는 Project-based learning이 있다.

인문학적 소양을 강조해야

바이오경제 사회에는 윤리와 관련되는 이슈가 많다. 유전자 검사 결과는 어디까지 공개되고 활용되어야 하는가? 세균과 바이러스를 테러가 아닌 학문과 치료목적으로만 사용할 수 있을까? 지구 환경의 보전과 산업 발전의 조화는? 가난한 자에 대한 배려는? 줄기세포 등을 다룰 때 생명존중이 밑바탕에 깔려 있는가? 기본적으로 과학기술의 발전은 인류를 위한 것이어야 하는데, 이러한 것은 인문학적 소양을 강조하는 교육을 통하여 내재화된다. 경제적인 욕망과 권력에 대한 집착보다 인간의 생명이 중요함을 교육을 통하여 깨닫고 배운다. 법의 제한에는 한계가 있다.

대학 교육은 교양교육으로부터 시작한다. 영어로는 Humanity education이나 Liberal education이라고 한다. 영어를 보면 교양교육의 목적을 훨씬 잘 이해할 수 있다. 인간과 사회의 이해에서 시작하여 궁극적으로 개인의 행복과 인류의 발전 이슈를 다룬다. 책을 읽으며 독후감을 쓰고 같이 토론한다. 인간이란 무엇인가? 인간의 행복은? 우리 사회의 발전이란? 우리 사회는 발전하고 있는가? 과학기술의 의미는 무엇인가? 예술은 왜 필요한가? 등의 주제를 한 두 학기 공부하다 보면 어리게만 보이던 청소년이 우리 사회의 책임있는 지성인으로 변모한다. 이러한 교육은 우리 사회의 문제, 이슈를 찾아 연구 또는 사업으로 연결시키는 노력의 시작이고 또 연구에 있어서도 문제를 찾아내어 개선하는 창의력의 출발점이다.

2.4 세계는 정책으로 승부한다

국가 발전의 배경에는 우수한 정책이 있다. 우수한 인적자원의 개발, 기업의 자유로운 활동과 성장은 교육기관과 기업 스스로 알아서 한 것이 아니다. 정책의 뒷받침 덕분이다. 우수한 인재 양성을 위한 인프라 조성과 정책 지원이 있고, 세계적인 기업으로 활동하고 성장하는 데도 인프라 조성과 보이지 않는 정책 지원이 있다. 물론 이보다 중요한 것은 발전하고 싶다는 국민적인 염원과 의지일 것이다.

스위스연방은행UBS은 노동시장, 교육, 인프라, 법률체계 등에서 유연하고 기술 수준이 높은 국가가 4차산업혁명시대에 유리하다고 평가한다. 이러한 사항은 바이오산업에도 적용된다. 스위스의 발표 자료를 인용하지 않더라도 산업화 경제 시대에 맞는 인프라, 제도가 경쟁력의 기본이다. 이러한 인프라와 제도를 만드는 것은 정책의 역할이다.

세계 선진국들은 바이오산업을 미래의 먹거리로 생각하여 오래전부터 교육, 연구개발, 인프라 조성 등에 투자하고 있다. 주요 나라들의 정책을 살펴본다.

미국은 대학교육, 연구개발, 임상 수준 등 거의 모든 면에서 세계 최고다. 1973년 유전자재조합기술을 선보인 나라도 미국이고, 이후 많은 바이오 회사가 단백질의약품, 인공종자, 바이오화학 등 새로운 산업을 선도하고 있다. 최근에는 IT, 인공지능 기술을 바이오에 접목시킨 새로운 의료 바이오산업을 일으키고 있다. 매년 개최되는 바이오 국제전시회BIO USA는 미국의 새로운 기술과 산업을 선보이는

데, 가끔 대통령이 참석하여 정부의 바이오산업 발전 의지를 표명하고 있다. 2012년 국가 바이오경제 청사진을 제시하였으며, '브레인 이니셔티브'(2013 수립)라는 정책으로 예산의 80%를 기초연구에, 초기부터 기업 참여를 유도하여 기술개발과 산업화를 거의 동시에 달성하려 한다. 이 외에도 마이크로바이옴, 정밀의학, 바이오화학 프로젝트 등에도 정책 수단을 동원하여 바이오산업을 육성 발전시키고 있다. 특히 '연구실에서 시장으로' 정책으로 실용화를 촉진시키고 있다.

일본은 4차산업혁명 이후의 변화는 바이오기술에서 온다는 생각으로 다양한 정책을 추진하고 있다. '인공지능화가 가속화되는 IT 미래상에 관한 연구회' 출범(2015)을 시작으로 인공지능연구센터, 인공지능 통합 연구개발 거점 센터 설립 등을 통하여 인공지능 산업 관련 바이오산업 발전에 애쓰고 있다. 'Japan is back' 전략으로 엄청난 규모의 예산을 투입하여 차세대 생의약 개발, 중개 연구, 재생의료 실용화 등을 추진중이다. 특히 융합과 실용화를 위해 산업연계정책으로 새로운 가치를 창조하려는 중이다.

중국은 바이오산업을 중국의 국가기간산업으로 육성하고자 바이오의약품, 의료설비, 바이오 정보서비스 바이오화학 등에 투자하고 있다. 특히 해외의 우수 인재 유치를 주요 전략의 하나로 삼고 있다.

EU는 '유럽을 위한 바이오경제'(2012) 정책을 기본으로 백신과 항생제를 포함하는 의약품 개발, 재생가능한 자원을 활용하는 바이오화학 등 바이오산업 육성을 위한 기술개발에 투자하고 있다. 사업화 촉진을 위하여 바이오기반 사업을 지원한다.

우리나라의 정책

바이오 관련 과학기술과 산업 정책이 성공적인지는 몇 가지 지표로 알 수 있다. 정책의 투입 요소로는 인적자원, 연구개발 인프라, 지적재산 환경, 규제 환경, 기술 이전 체계, 금융지원 시스템, 인센티브 등이다. 정책의 결과물은 논문 수, 임상 건수, 특허, 신약 개수, 생산물의 매출 규모 등이다. 투입에서 결과물이 나오기까지 당연히 시간이 필요하다. 이러한 관점에서 어느 나라가 좋은 정책을 갖고 있는지 비교, 평가할 수 있다. 미국의 경우 모든 투입 요소가 우수하다. 그러므로 현재도 바이오산업이 크게 발전하고 미래에도 꾸준히 발전할 것이다. 중국도 국가에서 엄청난 예산을 투입하고, 일본은 인프라가 잘 갖추어져 있다. 영국은 세계 최고 수준의 옥스퍼드, 캠브리지 대학이 있고 바이오기술 연구개발에 투입되는 예산 규모가 크다. 다른 투입 요소도 우수하여 특허나 임상연구 건수가 증가하는 등 바이오산업이 많이 발전할 것으로 예측된다. 세계는 글로벌화되어 무한 경쟁하고 있으며, 세계 최고 기술이 아니면 경쟁에서 살아남기 어렵다. 변화하는 환경에서 바이오산업을 발전시켜 나가기는 무척 어렵다.

우리나라도 바이오산업을 미래 먹거리의 하나로 발전시키려고 오래 전부터 다양한 바이오산업 발전전략과 정책을 수립하여 시행하고 있다. 그런데도 공무원의 전문성, 사업에 대한 규제, 외국과의 협력 등은 외국에 비하여 경쟁력이 떨어진다는 지적이다. 바이오산업에 대한 정보와 정책 자료를 제공하고 목소리를 내는 기관들은 많다. 한국바이오협회, 한국바이오정책연구센터, 한국과학기술기획평가원 등이다. 인터넷에는 다양한 정보와 목소리가 소개되어 있다.

바이오헬스 분야에 인공지능을 활용하고, 유전체 분야에 빅데이터를 활용하기 시작하였다. 또 IT기술과 건강 상태를 측정하는 센서를 결합시켜 의료 분야에 새로운 가능성을 제시하였다. 바이오헬스 분야의 변화를 4차산업혁명의 하나로 보면서 발전 방안을 논의하기 시작하였으나, 바이오 분야는 인공지능 관련산업과 연계되는 등 융합적인 요소도 있지만, 성격이 다르기에 이를 새로운 혁명으로 봐야 한다. 역시 새로운 관점에서 인센티브를 주거나 규제를 푸는 것이 산업 발전의 핵심이고 이는 정책 담당자의 역할이다.

우리는 우수 인적자원 개발 교육에 많은 투자를 한다. 기업은 선진국보다 규모는 작지만 세계 최고를 향해 열심히 노력하고 있다. 여기에 힘을 실어줄 정책이 필요하다. 이에는 인센티브, 시장 확대 정책 등이 포함된다. 연구개발 세제 혜택, 제품에 대한 세제 혜택, 우선 구매제도 등이다. 규제도 예측할 수 있어야 하고 대안이 있어야 한다. 기술을 보호할 지적재산권을 포함하는 법적 보호 장치도 고려되어야 한다.

우리는 석유와 철광석 자원 없이도 석유화학, 제철산업에서 세계 최고 수준이며, IT산업, 자동차산업에서 세계 최고 수준으로 성장했다. 이러한 경험을 바이오산업에도 접목하면 세계 최고 수준의 인력, 바이오기술을 가질 수 있으며 이를 바탕으로 바이오산업을 발전시킬 수 있을 것이다.

우리나라는 자본이 아직도 취약하고, 글로벌 마케팅 경험도 부족하고, 바이오매스 자원도 부족하다. 이러한 여건에서 세계적인 경쟁력을 가지려면 무엇을 해야 하는지 분명하다. 그림 4.9에서와 같이 인재 양성, 연구, 플랫폼, 인센티브 지원 그리고 글로벌 협력 지원 등

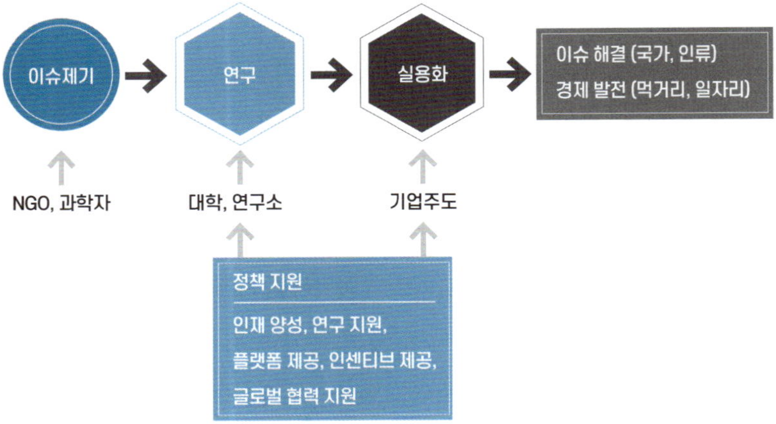

그림 4.9 이슈 제기에서 시작되는 경제 발전 과정

이 중요하다. 그 중에서도 시급한 것은 과거에 간과했던 글로벌 네트워크의 강화, 외국 바이오 클러스터와의 협력, 바이오매스 원료 조달을 위한 협력. 초기 실용화 인센티브 그리고 유연한 시장 여건의 조성 등이다.

2.5 바이오경제 : 기본은 인간 존엄성

우리 사회는 인간의 행복한 삶을 추구한다. 행복한 삶의 개념은 국가별로 차이가 있지만, 의식주가 적절하게 제공되고 정신적으로 만족한 상태가 행복이라면, 개인에게 이러한 요소가 제공되어야 한다. 그러나 최근 상황을 보면, 의식주를 제대로 해결하지 못하는 이가 여전히 많다. 전쟁과 테러로 무고한 시민이 죽거나 다치고, 수많은 난민이 발생하여 생존마저 위협받는 상황이다. 가난과 질병으로부터 인간을 자유롭게 하는 것은 물론, 전쟁과 테러로부터 인간을 보호하는 것이 현재 우리 지구촌의 과제다.

여기에 인공지능, 자동화 기술의 진보에 따른 인간 삶의 변화, 생명공학 기술 발전에 따른 생명 존엄성 문제 등 새로운 이슈가 우리 인류의 존엄성을 위협한다. 위협은 앞으로 더 심해질 것이다. 바이오기술의 발전은 산업화, 자동화와는 다른 새로운 문제를 제기한다. 인간의 가치와 존엄성을 생각하게 한다. 배아줄기세포의 사용을 허가할 것인가, 인간이 인간을 복제하는 것을 막을 수 있을까, 인간의 뇌에 기계를 연결시키면 인간인가 등등 사회와 기술의 변화를 우리가 어떻게 받아 들여야 하는가, 어떻게 대응해야 하는가가 오늘의 과제다. 얼마 전 중국은 원숭이 복제에 성공하였다. 다음 단계는 인간이다. 배아줄기세포를 이용하여 인간에게 필요한 장기를 만들려는 시도는, 여러 제약은 있지만, 어디에선가 수행되고 있다고 보아야 한다. 유전정보의 악용에 대한 우려는 더 커지고 현실이 될 것이며, 유전자치료의 한계에도 우려가 크다. 여기에는 인공지능을 갖춘 로봇과 인간의 관계에 대한 걱정도 포함된다.

개인의 프라이버시가 존중될 수 있을까? 문제가 생기면 통화 기록을 들여다본다. 사람들과 나눈 이야기가 시간이 가도 잊혀지지 않는 세상이다. 앞으로는 무슨 생각을 했는지도 도청될 수 있다. 멀지 않은 미래에 뇌를 이해하고 뇌파를 분석하면 생각을 이해할 수 있을 것이다. 지금까지는 신의 영역이었던 것이 점차 인간의 영역으로 바뀌고 있다. 신의 존재에 대한 논쟁도 새로 시작될 것이다. 그리고 인간의 존엄성 차원에서 개인의 프라이버시 이슈가 쟁점이 될 것이다.

유전자치료와 유전자가위 기술 등의 발전으로 항생제에 견디는 박테리아, 바이러스 변종을 만드는 것이 쉬워졌다. 이러한 기술을 악용misuse하여 공격용, 테러용 세균을 만든다면 큰 위협이 아닐 수 없다. 하얀 가루가 특정인에게 배달되면 탄저균일지도 모른다는 생각에 주변을 폐쇄하고 검사한다. 탄저병anthrax은 피부나 코와 입을 통하여 침범하는 탄저균에 의한 급성 전염성 감염병으로, 심하면 죽음에 이르는 대표적인 생화학무기다. 탄저병, 천연두smallpox, 에볼라 바이러스 질병ebola 등을 일으키는 세균과 바이러스를 배양하여 나쁜 목적으로 활용한다면 막을 방법이 쉽지 않다. 유전자 조작, 세균 배양이 그리 어렵지 않으므로 위험에서 벗어날 여러 방안이 강구되어야 한다.

600만불의 사나이가 가능한가? 바이오닉 인간의 모습은 어떨까? 나의 뇌를 다른 사람 몸에 이식하면? 나의 뇌를 로봇과 연결하면? 많은 이슈가 제기된다. 기계적인 능력이나 정보 저장, 처리 능력은 인간을 넘어설 수 있으나 기계는 인간을 모방하여 만들므로 한계가 있고 인간을 넘어설 수는 없다.

그런데도 바이오기술, 특히 인공장기와 관련되는 기술의 진보는 인간의 삶을 연장시키고 편리하게 할 것이다. 인공간, 인공췌장, 인공신장, 인공눈 등 인공장기가 인체의 한 부분으로 자리 잡을 날은 그리 멀지 않았다. 우리 몸을 기계, 로봇, 컴퓨터 등과 연결하여 기능을 살리는 일도 현실로 다가오고 있다. 누가 혜택을 보는가라는 이슈가 그 어느때보다 심각하게 제기된다. 과거에는 부자들과 부유한 나라에게 그 이익이 돌아가도 그러려니 하고 체념하였지만, 지금은 인간의 평등, 균등한 기회의 제공, 국가의 역할과 국제 협력이 중요하다. 이제는 약자에 대한 배려가 동시에 고려되어야 한다. 어떻게 할 수 있을까?

바이오 기술은 생명을 경외하는 기술이다

줄기세포 연구 초기에는 배아줄기세포가 사용되었다. 정자와 난자가 결합된 배아는 그 자체가 생명의 시작이므로, 배아줄기세포를 이용하여 연구하는 것은 생명을 해치는 것이니 안 된다는 논리와 질병치료를 위해서는어쩔 수 없다는 논리가 충돌하였다. 그 결과로 줄기세포 연구와 관련된 가이드라인이 만들어졌다. 동시에 다른 방법으로 줄기세포를 만드는 방법도 개발되었다. 성체줄기세포, 유도역분화 줄기세포iPS다. 배아줄기세포에 윤리적인 문제가 제기되었으니 대안을 강구한 것이다. 줄기세포의 경우처럼, 문제 제기는 의미가 있다. 합리적인 방법들을 강구해야 한다. 유전체, 인공장기 등과 관련하여 수많은 윤리적 문제가 제기될 수 있다. 문제를 슬기롭게 풀어가야 한다. 그럼으로써 인간의 가치가 더 존중될 것이다.

현재 유전체의 구조와 기능을 연구중이니 머지않아 그 비밀이 풀릴 것이다. 다음 단계는 인공 생명을 만들고 싶을 것이다. 지금의 인공생명체는 기존 생물의 유전자를 일부 변형하여 새로운 기능을 추가하거나 일부 없애는 수준이다. 그러나 유전체의 구조와 기능을 이해하면 인간은 새로운 생명체를 만들 수 있다. 인간의 두뇌를 가지되 몸은 사자와 같이 단단하고 말처럼 날쌔게 움직일 수 있을까? 그리스 신화에 등장하는 반인반수를 만들 날이 그리 멀지 않았다.

바이오 기술은 생명체와 관련된 기술이 많다. 그래서 생명 윤리와 관련된 이슈가 많다. 생명의 귀중함에 대하여 생각하게 한다. 생명에 경외심을 품게 한다. 인간의 존엄성이 어디까지 존중받을 수 있을지 예측하기 어렵지만, 분명한 것은 인간 가치에 대한 관심이 높아질 것이다. 바이오 기술의 영역을 넘어 과학기술 관련 전 분야의 논의가 필요하다. 바이오 기술은 이러한 논의를 가속화 시켜 인간 존엄성에 기여할 것이다. 이러한 다양한 이슈에 대처하려면 어느 때보다 과학자, 기업인, 소비자 모두 인간 존중 정신을 가져야 하고, 이를 위한 교육과 사회적 합의가 중요하다.

인공지능이 인간을 추월할 수 있을까?

알파고와 인간의 바둑 시합에서 인공지능의 승리를 보면서 많은 이들이 인공지능의 힘과 그 앞에 무력한 인간을 보았다. 그러면서 앞으로 인공지능이 인간을 추월하여 막강한 힘을 가진 신인류로 등장할까봐 두려워하고 있다. 그러나 바둑에서 인공지능이 이긴 비결은, 엄밀히 분석하면, 1200대의 슈퍼컴퓨터를 동원하여 수많은 경우의 수를 계산한 엄청난 규모의 계산 능력이다. 대국에서 생각할 시간이나 계산하는 시간을 줄인다면 결과가 달라질지 모른다. 인공지능은 가능한 수많은 경우의 수를 계산하여 한 수를 두는데, 이 과정에서 엄청난 전기에너지가 사용되었다. 짧은 시간에 계산할 수 있는 능력은 컴퓨터가 인간보다 우수하고, 정보를 다시 기억해내는 것도 컴퓨터, 인공지능이 인간보다 우수할 수 있다.

그러나 인간의 두뇌는 수조 개의 신경망으로 이루어져 있어 현재 수준의 컴퓨터와는 비교가 되지 않을 정도로 연결 능력이 대단하다.

인공지능도 인간의 작품이니 인간의 사고 영역 범위에서 발전될 것이다. 인공지능은 인간을 흉내내는 방향–직관적 사고·신경망 용량 확대·저 에너지 소모-으로 발전할 것이다. 그러나 인간의 상상력을 넘어서지는 못할 것이다. 인공지능, 로봇, 컴퓨터의 장점을 살려 광범위하게 활용하는 시대다. 이러한 기술은 우리의 상상력 범위에서 인간을 모방하는 방향으로 계속 발전할 것이다.

과학적 호기심은 과학을 발전시키고 새로운 기술을 선보인다. 새로운 기술의 개발은 기업 발전의 기회다. 그러한 움직임이 대세megatrend가 되면 산업에의 영향이 커지고 새로운 산업을 형성한다. 우리는 이미 정보화 기술 개발과 벤처기업의 창업 그리고 정보산업의 발전을 목격하였다. 산업발전으로 끝나는 것이 아니라 우리 사회를 정보화 사회로 만들었고 이제는 인공지능사회로 한 번 더 변화시킬 것이다. 빌 게이츠의 창업, 애플의 스마트폰, 구글과 아마존 등 새로운 비즈니스 창출은 오래 전 일이 아니다.

이제 정보화 바람이 바이오기술에 연결되기 시작하였다. 바람은 오래 전부터 불었지만 이제 바람을 느끼기 시작한 것이다. 인간 유전체 기술의 발전은 정보화와 맞물려 가시적으로 느껴진다. 그 동안 눈에 띄지 않게 변화 발전해온 바이오기술의 변화는 이제 의료, 제약, 소재, 농업 등 전 분야에 걸쳐 변화를 보여준다.

이러한 기술 발전이 산업으로 연계되고 있음을 살펴보았다. 문제는 이러한 변화가 부분적으로, 작게 일어나는가 아니면 의미있는 규모로 일어날 것인가? 몇몇 문제의 해결로 끝날 것인가 아니면 우리 인류가 당면한 글로벌 이슈를 해결할 수 있을까? 해결은 어렵더라도 해결의 실마리를 제공할 것인가? 가만히 있어도 이러한 변화가 가시화될까? 아니면 무한 경쟁의 글로벌 세계에서 어떻게 하여야 노력한 보람을 얻고 인류사회에 기여할 수 있을까?

바이오산업은 세계 경제는 물론 우리나라 경제에 새로운 먹거리로 등장하여 큰 몫을 감당할 것이다. 인류가 당면한 건강, 식량, 환경, 가난 문제 등을 해결할 실마리도 제공할 것이다. 그런데도 인간의 존엄성과, 테러의 위험에서 어떻게 안전할 수 있는가가 과제다. 이 모든 것을 해결하고 발전시켜 나가는 것은 우수한 그리고 인간을 사랑하는 인재에 달려 있음을 강조한다. 창조적 소수자가, 지성인이 바이오사회 발전의 시작이다.

바이오기술의 발달은 바이오산업을 촉진하고 그것은 바이오경제로 연결된다. 우리는 바이오산업의 발전이 우리의 건강, 식량, 소재와 연결되기를 기대하면서, 동시에 먹거리와 일자리로 연결되기를 바란다. 산업혁명과 정보화혁명은 일자리와 먹거리로 연결되었지만, 지금 일어나는 인공지능혁명은 일부 새로운 일자리가 창출되긴 하겠지만 전체적으로 많은 일자리가 줄어들 것으로 예측되어 새로운 사회문제다. 바이오산업은 어떠할까?

농업혁명, 산업혁명, 정보화혁명 그리고 인공지능혁명을 넘어서는 바이오산업혁명이 우리의 먹거리와 일자리를 포함하는 바이오경제에 미치는 영향을 살펴보았다. 산업혁명과 바이오기술의 변화를 역사적으로 간단히 살펴보고 몇 가지 자료와 기대치로부터 바이오경제의 규모와 일자리를 추정하였다. 바이오산업에 기대를 가져도 될 것인가? 기대를 현실로 만드는 것은 우리의 노력에 달려있다.

찾아보기

참고자료

세부적이고 최신의 정보는 다음과 같은 다양한 기관, 대학, 단체 등에서 발표하는 자료 등에서 얻을 수 있다.

BioIN, 생명공학정책연구센터
Bio News, 한국바이오협회
사이언스타임스, 한국과학창의재단
유전자변형생물체 News, 한국바이오안정성 정보센터
Trends in White Biotechnology, 한국생명공학연구원
Issue Paper, 한국과학기술기획평가원 (KISTEP)
Bio-CEO 강의 자료, 서울대 생명공학공동연구원
BT News, 한국생물공학회
NIH - Strategic Plan, NIH
Building the Bioeconomics, BBSRC
Biochemical Opportunities in the UK, NNFCC
Science, AAAS
Chemical & Engineering News, ACS
Industrial Biotechnology, Mary Ann Liebert
빌 게이츠 기후재앙을 피하는법 (2021, 김영사)
정희선 외, 코로나19 바로 보기 (2020, 나녹)
김범준 외, 코로나 19 위기.대응.미래 (2020, 최종현학술원)
최기련, 에너지와 기후변화 (2018, 자유아카데미)
유영제, 일류대학으로 가는 길 (2020, 나녹)
김태유 외, 패권의 비밀 (2017, 서울대 출판문화원)
유영제, 적정기술이 만드는 아름다운 세상 (2020, 나녹)
기타 - 관련 보고서, 학술지, 단행본, 신문, 인터넷 등